U0153649

哇

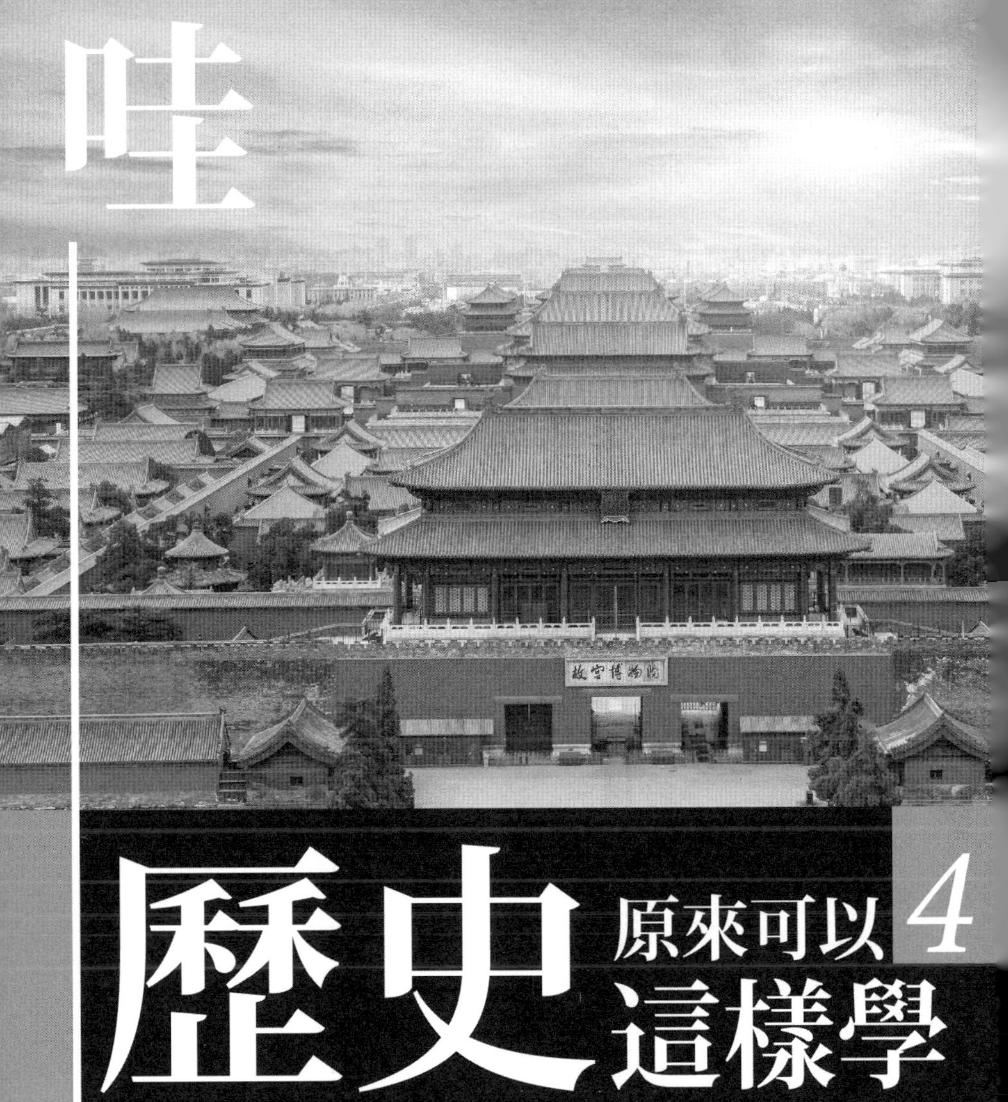

歷史原來可以這樣學 4

——戊戌變法到清朝滅亡

林欣浩／著

五南圖書出版公司 印行

目次

大哥，治理國家不能靠腦補啊！——

戊戌變法（上）

一

甲午戰爭是歷史給大清國打臉用的。

日本和大清同樣是儒家制度，同樣都是閉關鎖國。日本人口比大清少、土地小，國力差很多倍，原本是中國的萬年小弟，明治維新運動比洋務運動還要晚七、八年才開始，結果各方面全部落後的日本，竟然在短時間內變法成功，站起來把大清國壓在地上隨便打，要是沒列強在旁邊攔著，直接打死都有可能。

我們很自然地會問一個問題：為什麼起步相同的兩個國家，日本可以變法成功，中國不可以呢？

為了回答這個問題，需要花點時間，講一下日本明治維新的過程，您可別嫌麻煩，因為日本的制度對清末的政局有深遠的影響，而且這還得從日本的古代史講起。

古代日本深受中國文化的影響，從唐朝開始，日本在文化、制度上都高度模仿中國。那時，日本模仿中國建立了自己的皇權體系「天皇」，但和中國不同的是，日本皇室對地方的控制力很弱，無法像中國那樣建立政令統一的郡縣制，而是要把治理地方的任務委託給領主。換句話說，古代日本實行的是封建制，一個日本被分割成很多相對獨立的小國，就像唐朝把各地獨立的軍鎮稱爲「藩鎭」一樣，日本把這些小國稱爲「藩國」。

我們還記得，當年周朝採用的就是封建制，結果到了周朝末年，各個諸侯國都不聽周王室的話，紛紛造反。

類似的情況，到了中國南宋的時候，日本一些藩國實力變強大，它們也不聽天皇的話，互相征戰攻伐，最後，一個最強的領主用武力征服了全國，但是這種征服和秦始皇把六國都滅了不同，最強的藩國只是讓其他藩國表示臣服，沒有能力把這些小國都滅掉。

這個最強藩國的領主統治了日本，但是他沒有廢掉天皇，而是把天皇架空，尊爲名義上的領導人，自己以「征夷大將軍」的名義掌握全國實權。「征夷大將軍」死後，職位可以傳給自己的兒孫，所以這些「征夷大將軍」其實是日本眞正的君主，只是缺一個名分而已。

古代日本的這種政治形態，稱爲「幕府政治」：在中央，有一個掌握實權的強藩（即「幕府」）和一個被架空的天皇；在地方，有保持相對獨立性的藩國。

像中國改朝換代一樣，有時幕府也會被其他藩國攻滅，把「征夷大將軍」的職位拱手讓人，但是「幕府政治」的制度沒有改變，天皇也沒有被廢掉，只是換了一個幕府統治。

這個幕府制度從南宋一直延續到清末，日本最後一代幕府將軍姓「德川」，所以被稱爲「德川幕府」。

二

到了清朝末年，清政府在第一次鴉片戰爭中敗給列強，清廷自己沒有多大的反省，卻給日本人帶來了巨大的震撼。不久，列強的軍艦也來到了日本，在槍炮的威脅和大清的前車之鑒下，幕府被迫簽訂了和清朝類似的不平等條約，也答應了開放港口，給予對方最惠國待遇、領事裁判權等條件。

古代日本與古代中國一樣，它的世界觀也是「儒家文明最偉大、越往周邊越蠻夷」，現在這些夷人來到我們的土地上肆虐，日本與清政府的第一反應一樣：必須反擊回去！

幕府作爲全國的領導者，抵禦外敵是它的職責——幕府將軍的全稱是「征夷大將軍」嘛！征討眾夷是他的本職工作，可是幕府看到清朝的前車之鑒，知道這些外國人太厲害，無論國內呼聲多高，就是不肯與外國人開戰。

這時候，有兩個叫做「薩摩」和「長州」的藩國不同意，這兩個藩國位於日本的西南角，在列強的入侵中處於第一線，受外國人的欺負最厲害。這兩個藩國一看幕府不去打外國人，好，那我們不靠你了，我們自己打，兩藩主動向列強開戰，突然襲擊了美國、荷蘭、英國的商船。

結果我們都能猜到：列強遇襲後，立刻用大炮朝著這兩藩的港口一頓亂轟，然後……就沒有然後了，兩藩只能投降。

這裡，日本與清政府出現了一個重要的區別。

太平天國運動前，清朝的權力都集中在朝廷手裡，地方督撫的權力很小，尤其是改變政治制度這種大事，就算是在太平天國運動後，地方督撫也不可能自己說了算。然而日本的地方領主相當於一個小國國王，在自己的領土內有極大的權力，而且在封建制下，各個藩國之間是互相競爭的關係，誰的實力強大，誰就能壓過別人，所以各個藩國為了自強都會不惜一切代價。

在這個背景下，當薩、長兩藩被西方列強的武力洗禮後，他們改變了主意，決定與列強全面合作，用西方的先進武器來壯大自己。

薩、長兩藩與列強合作，軍事實力猛漲。在成長的過程裡，他們既恨外國人倚強凌弱，也恨幕府白白占據著統治者的位置，卻不擔負抵禦外敵的責任，而且兩藩原本就和幕府有衝突，於是兩藩就公開提出要幕府下臺，把權力還給天皇。

當時天皇雖然沒有實權，但是日本傳統觀念認為天皇是神不是人，天皇在日本人心目中擁有相當大的聲望。兩藩的主張是幕府喪權辱國、不思自強，已經沒有資格再統治日本了，我們這些藩國應該重新輔佐日本天皇，在天皇的領導下統一日本，一起對抗西方列強。

於是兩藩和幕府之間發生了一系列戰爭。

幕府和當時的清政府一樣，因為統治太久，已經是江河日下，再加上其他一些強藩也不支持幕府，於是經過一系列戰爭，幕府將軍決定投降，把權力讓給了兩藩和天皇。

這樣一來，薩、長兩藩就掌握了國家的權力。兩藩與列強合作的過程中，已經在自己的領地內進行了初步的經濟、軍事改革，國力突飛猛進，兩藩中的許多人因此認知到，想要讓日本強大，打敗列強，最好的辦法，是在全國範圍內學習西方的文化和制度，進行全面改革。新上臺的明治天皇只有十六歲，年紀輕輕的他也希望能來一次猛烈的改革，立刻讓國家崛起。

於是在兩藩實權派的主導下，明治政府打算在國內實行西式改革。

前面曾說過，進入工業時代的關鍵是建立成熟的商業市場，建立市場的關鍵是取消特權階層。當時的日本還是封建制，各地還有很多藩國，藩國的藩主都屬於特權階層；另外，日本還存在武士制度，武士在日本也屬於特權階層，不事生產還能得到百姓的供養，甚至可以隨意砍殺下層百姓。

日本要進行維新改革，就要消滅掉這兩個特權階層。可是現在的中央政府是在兩藩扶植下建立起來的，連自己的軍隊都沒有，如何能打擊這些特權階層呢？

爲此，薩、長兩藩中支持維新的政治家們促成了兩件事：

第一，薩、長和另外兩藩率先帶頭，把政權交還給政府，同時要求全國各個藩國都也都這麼做，讓國家統一。由於是最強大的藩國帶頭，其他各藩只能同意。

第二，薩、長和另外一藩主動交出一部分軍隊給政府，幫助政府建立自己的軍隊。

在這些努力下，國家權力逐漸集中到中央政府的手裡，維新派的政策才能推廣下去。中、下層武士是舊制度的既得利益者，也是維新運動裡損失最大的人，他們不滿意維新，也反對新政府與外國人合作，因此爆發了一些叛亂，但這些叛亂都被新建立的中央軍鎮壓下去。

隨著新制度的展開，人們發現國家的確富強起來，政府的實力越來越強，維新也就逐漸暢通無阻了。

三

我們回頭看，日本維新能夠成功的主要原因是什麼呢？

明治維新以及後來清政府的維新變法，它們與歐洲民權民主革命有個巨大的區別：歐洲的革命是由下至上慢慢改變的，是先出現了強大的商人階層，在他們的強烈要求之下，上層被迫去改革。中、日的變法是由上至下突然改變，當上層有些官員、知識分子發現不立刻改革就要被列強瓜分，想要推動維新變法的時候，下層百姓大多還是舊社會的農民和鄉紳，他們還不懂得這些變革有什麼好處，這樣一來，在變法中就會遇到一個強大的阻力：舊制度的既得利益者。

在歐洲的革命中，革命爆發的時候，社會上有錢的人早都是大商人、大工廠主了，少數不靠工商業發財的舊貴族也成不了氣候，他們沒有力量阻止革命。在中、日變法中，全國還停留在自然經濟時代，大部分有勢力的人，都還靠著舊制度發財得勢，他們當然不希望變法。想要變法，就得先把這些人消滅掉。

中、日變法又要快，不能慢來（慢就會被列強瓜分了），那麼唯一快速除掉既得利益者的辦法，就只有武力了。

所以，明治維新成功的關鍵，在於維新派如何掌握武力。

明治維新時，日本武力最強的是薩、長兩藩，維新的骨幹都是這兩藩的中、下層武士，是靠他們的軍隊推翻了幕府，靠他們的威脅讓各藩交出了權力，靠著他們的武力，鎮壓了對維新不滿的武士叛亂，最後維新才成功。

從這個角度看，明治維新的成功，有很多偶然因素，是不可複製，首先，必不可少的條件是封建制。

中央集權制的特點是地方與中央之間是上、下級的關係，地方官都是中央直接委派，地方官想要升職的唯一辦法是揣測朝廷的意思、聽朝廷的話。在這種制度下，地方上沒有率先改革的動力，保持穩定才是施政的首選，所以當這些省分被列強打的時候，他們的第一反應是：「哎呀！媽呀！惹禍了！這可不要告訴皇上，我們不如去勸夷人攻打其他省分，然後向皇帝報告說夷人被我們打跑了好啦！」

封建制不同。在封建制下，地方和中央之間是競爭的關係，藩國是藩主的私產，藩主對藩國的內務有高度的自主權，而且藩和藩之間還是競爭的關係，哪一個藩的實力強，哪一個藩主在全國就更有話語權。這就形成了一個關於「社會制度」的開放性市場：各個社會制度在一個相對開放的市場裡競爭，哪一個制度能創造的國力大，哪一個制度就會勝出。

在這種制度下，最先接觸列強的薩、長兩藩，他們雖然也深受儒家思想的薰陶，但是一看到列強的槍炮那麼好，第一反應是：「這些武器要是咱們也能弄來，打敗其他藩和幕府不就輕而易舉了嗎？」趕緊先學一學，別的回來再說。

封建制的另一個特點是中央朝廷對地方的管轄能力很弱，地方上想偷偷做點事，朝廷沒法管。在幕府還施行鎖國政策的時候，薩、長兩藩就偷偷派人到西方留學，這些人到了國外後深受震撼，瘋狂學習西方知識，後來都成了維新事業的中堅力量，這在清政府也是難以實現的。

在封建制下，薩、長有變法的動力和能力，率先引進了西方的武器、軍隊訓練方式，因此兩藩才能擁足夠震懾全國的武力，足以擊敗幕府、各藩和中、下層武士，也因爲兩藩提前派人留學歐洲，開闊了眼界，看到了大清被凌辱的先例，有了「不在全國變法，國家就會毀滅」的危機感，兩藩中的維新人士才會願意把權力交給天皇和議會，努力建設一個模仿西方制度的近代國家，而不是貪圖一己私利，去當新的幕府。

還有，在封建制下，各藩主的升降不靠朝廷任命，也就不像清政府那樣存在地方對朝廷的瞞報情況。各藩主相互獨立，挨打的藩主想瞞也瞞不住，這邊一被打，全國立刻傳遍列強天下無敵的消息。天皇、幕府、各藩主、武士和知識分子，人人都清楚自己和列強之間的差距，這樣，維新思想才能克服千年的儒家文化，降低了維新的阻力。

至於明治天皇本人的意願如何？那是非常次要的問題了。

除了以上的制度因素外，日本能維新成功還有很多無法複製的客觀原因。

首先，日本國土大小適中。

太小了，國力不足，列強一口就把它吞併了，不會給它維新自強的機會。只有國家足夠大、距離歐洲足夠遠，一國列強無法獨占它，需要有數個列強競爭的時候，才會出現西方國家願意合作，積極借款，引進技術的情況。

但是日本的國土又不能太大，如果太大，像中國那樣有大量的內陸地區，就會出現沿海各省思想開放，內陸各省思想封閉的情況。沿海的維新勢力無法統一國家，就會出現分裂和內戰，那樣國家就更亂了，也談不上維新和自強。

還有一個客觀原因，是日本早在明治維新之前，商業就比中國繁榮。

日本被海包圍，近海運輸業發達，天生適合商業活動。日本在戰國時代，豐臣秀吉就知道利用商業的力量。在爭奪天下的戰爭中，他曾經利用商人和對手打經濟戰，又在交通便利的地方建立大阪城，靠優惠的政策吸引商人，獲得了巨額稅收。因爲豐臣秀吉的影響，日本統治者很早就認知到商業的力量。在封建制下，各個藩主都不願意失去商人這支力量，所以不會像傳統中國那樣打壓商業。

豐臣秀吉之後就是德川幕府的時代了。德川幕府爲了便於控制，規定武士作爲常備軍，必須離開自己田地，常年住在城市裡。他們的生活費是來自於農村的「年貢」，年貢的主要形式是稻米，這是個和傳統中國很不相同的制度。

舉個例子，在《紅樓夢》裡，賈府有自己的莊園，莊園每年要交租給賈府，交租的內容有個單子：

大鹿三十隻、獐子五十隻、麃子五十隻、暹豬二十個、湯豬二十個、龍豬二十個、野豬二十個、家臘豬二十個、野羊二十個、青羊二十個、家湯羊二十個、家風羊二十個、鱘鰉魚二個、各色雜魚二百斤、活雞、鴨、鵝各二百隻、風雞、鴨、鵝二百隻、野雞、兔子各二百對、熊掌二十對、鹿筋二十斤、海參五十斤、鹿舌五十條、牛舌五十條、蟶乾二十斤、榛、松、桃、杏穰各二口袋、大對蝦五十對、乾蝦二百斤、銀霜炭上等選用一千斤、中等二千斤、柴炭三萬斤、御田胭脂米二石、碧糯五十斛、白糯五十斛、粉粳五十斛、雜色粱穀各五十斛、下用常米一千石、各色乾菜一車、外賣粱穀、牲口各項之銀共折銀二千五百兩。外門下孝敬哥兒、姐兒頑意：活鹿兩對、活白兔四對、黑兔四對、活錦雞兩對、西洋鴨兩對。

就是說，中國農民繳給地主、貴族的租金裡，除了銀子外，還有大量的實物，而且種類非常多，包括米、菜、肉、柴，甚至連寵物都有，基本上農業產品這一塊，賈府就不用再去購買了。這就是典型的自然經濟，需要什麼自己生產，不特別依賴商業買賣。

但是日本規定武士收入只能以稻米爲主，武士在分到稻米後，就必須把稻米兌換成錢，再用錢購買各種生活用品，這就創造了巨大的利潤空間給商人。在稻米收穫的季節，眾多武士急於出手稻米，商人趁機壓低稻米價格，這些商人逐漸壯大，反倒成了武士的剝削者。

較爲強大的商人階層成了維新運動的堅決支持者，這也是清政府不具備的條件。

另外在德川幕府時代，日本還有個獨特的「寺子屋」制度，即由寺院開辦，面向普通百姓的初等學校，這促成日本在維新之前，全國識字率已經在全球居前列。技術工人需要有一定的知識基礎，愛國主義需要初等學校的支持，日本的高識字率爲維新打下了良好的基礎。

最後，從知識分子的思想上講。日本知識分子和舊中國知識分子的心理期待也不一樣。在過去幾千年裡，中國一直認爲自己是世界第一，是全世界的模範，所以在遇到西方列強時，中國知識分子很難接受現實，不願意相信自己在世界上已經排行末尾；日本不一樣，日本把自己定位成中國的萬年學生，自己要做點什麼事，都先看看海峽對面的中國是怎麼辦的，所以當列強輾壓中國的時候，日本不會捂上自己的眼睛，而是充滿驚訝地看著這個萬年的老師被海扁，再好好想想這是爲什麼？老師被打了還不思進取，學生就換一個老師，這個心態轉變起來比較容易。

看了上面的總結，我們不難發現，日本能維新成功是一件非常偶然的事。上述一大堆因素裡，有一個不具備，有一個步驟沒成功，都有可能功虧一簣，而且之後的歷史也證明日本的維新是不穩定的。

議會制國家裡最危險的因素是軍隊，誰掌握了軍隊誰就可以擁有特權、踐踏法律，各種國家制度也就毫無意義了。爲了避免軍隊被私人占有，近代國家都會對軍隊極大的限制，要求軍人不能參與政治活動、不能參與黨派、不能有政治傾向，只能無條件聽從議會的決定，而且議會也不能隨便指揮軍隊，還要受憲法的約束，比如：不能有一個黨派控制議會後，投票命令軍隊去把其他黨派的人都抓起來，總之，任何人都不能隨意控制軍隊。

但日本不一樣，日本變法太快，中央政府在剛成立不久就要集中武力鎮壓舊勢力，需要最高效率地使用軍隊，所謂高效，就是軍隊事務不能由議會慢慢地吵架、互推責任來決定，得有一個人獨斷專行，一言九鼎地去控制軍隊，因此當時規定軍隊不聽命於議會，而是直接聽命於天皇（所以從那個時候起，日本的軍隊就稱爲「皇軍」）。

可是，軍隊直接聽命於皇帝，並不等於皇帝對軍隊有絕對的控制權，這個道理在講唐末和五代的時候就說過：皇帝本人並不能天天處理軍隊事務，總要把軍隊交給其他人管理，唐末皇帝把軍權交給了最信任的宦官，最後導致宦官專權，可以廢、立皇帝；五代皇帝把軍權交給了禁軍首領，結果就是禁軍首領屢屢政變。

同樣地，明治時的日本「皇軍」名義上聽從於天皇，最後變成了只聽命於少數軍人，再加上甲午戰爭和日、俄戰爭的一連串勝利，讓日本誤以為不斷發動對外戰爭是富國強兵的唯一辦法，讓軍隊的勢力不斷抬頭，最終導致軍隊凌駕於政府之上，走上了軍國主義的道路。

這一大段的意思是說，以事後諸葛亮的觀點來看，日本的變法之路千難萬難，是根本沒法學的，可是當時的清朝人並不知道這一點。

四

甲午戰敗對清朝帶來的震撼，遠比兩次鴉片戰爭厲害。

甲午戰爭開戰之前，絕大部分中國人都以為日本是個萬年弱國，打贏是輕而易舉的事，結果這次輸得比兩次鴉片戰爭都慘，賠款數目是鴉片戰爭的近十倍，割地也不再是香港那樣的小荒島，而是偌大的臺灣，連清政府的「龍興之地」、近在京畿家門口的遼東半島都差一點要賠出去，而且失敗的原因大家都知道——人家變法了，人家本來是弱國，一明治維新，立刻就打敗你。

在這強大的刺激下，清廷上下都知道——我們必須要變法，而且要快點變，不立刻變法就得亡國。甲午戰爭後，上層社會的風氣發生了很大的改變。

還記得當年英國發動兩次鴉片戰爭，主要是為了打開清朝的國門，要求清廷開放口岸對外貿易，而到了甲午戰爭後，有些中國城市竟然選擇主動開放，主動邀請外國人來做生意，這就是因為很多官員的思想已經轉過來了，意識到開放對我們有好處，甚至連翁同龢這種超級清流派的口風都變了，也開始主張變法。

其中最著急的就是光緒皇帝，因為這個國家是他的。光緒不到二十歲就接掌國家，他年紀輕輕，恨不得國家立刻能強大起來，可是他親政以後，剛體會了兩天君臨天下的感覺，就遇見了甲午戰爭，被人一巴掌直接打到地下。天下是皇帝的私產，這巴掌別人還不覺得疼，但是打在他臉上可是火辣辣的。

戰敗後，光緒心急如焚，廣開言路，讓各級官員趕緊獻計、獻策，都說說有什麼辦法能讓國家立刻富強起來。

剛開始，光緒還在各種建議中挑挑揀揀，猶豫不決。就在甲午戰爭結束兩年半以後，又出現了一個事件，加快了清廷變法的進程。

在西方幾個大國中，德皇野心最大，前面說過，因爲德國統一的時間最晚，附近沒什麼殖民地好搶了，所以把目光放到了中國的身上，再加上「海權論」的影響，德國高層特別希望能在中國占領一個優良的軍港，作爲在亞洲擴張的海上基地。

很早的時候，德國就看上了中國山東省的膠州灣。「三國干涉」後沒過幾個月，德國外交官就正式向清方提出要一處軍事港口，對此，德國沒有任何站得住腳的理由，純粹就是厚著臉皮硬要，清廷當然不答應，李鴻章斷然拒絕了。但是德皇威廉二世強硬傲慢，認爲對於中國這樣的「野蠻國家」用不著講理，使用武力教訓是最好的辦法。

甲午戰爭結束兩年半後，山東地區有兩名德國傳教士和當地百姓發生衝突，被中國百姓打死，德皇喜出望外，立刻命令德國艦隊出動。清廷方面知道德國會借此生事，山東地方官立刻抓捕了四十多名嫌疑犯，處死其中兩名「主犯」（可能是無辜的替罪羔羊），但是德方根本不聽案件的處理結果，直接派兵占領了膠州灣。按照國際法，本國人在他國被殺，最多要求懲治凶手，絕沒有出兵的道理，德國這麼做，就是赤裸裸的侵略。

清廷對此反應強烈，有的大臣力主開戰，但是高層普遍認爲開戰肯定打不過——剛慘敗給日本，元氣還沒恢復，更不可能去打正牌的西方列強了。李鴻章寄希望於利用俄國與德國的衝突，讓俄國出面阻止此事，因爲俄國也曾向清政府索要過膠州灣，清政府雖然沒有答應，但是允許俄國在冬天北方海港冰凍的時候，派軍艦到膠州灣來過冬，現在德國占了膠州灣，不就可以借用俄國的力量逼迫德國退兵了嗎？

可是，這就等於期待一個流氓保護自己免受另一個流氓的欺負，怎麼可能呢？俄國與德國早就私下達成協定，由德國占領膠州灣，俄國占領旅順和大連。清廷向俄國求援，俄國就藉口對德國不滿，派出軍艦，然而這些軍艦卻開向了旅順港。俄國對大清說：你說好了借給我膠州灣，現在膠州灣被德國人占去了，怎麼辦呢？我只好停到旅順去了。結果兩大國家就靠耍流氓的手段，一個占去了膠州灣，一個占去了旅順。

德國占領膠州灣事件給清廷很大的刺激，清廷最擔心的是這會打破列強在華利益的平衡，其他列強會援引「最惠國待遇」，也在中國爭權搶地，實際上也確實如此，在德國、俄國後面，其他列強一擁而上，英國占領威海衛，法國索要郵政經營權、鐵路修築權等等，都怕在華利益被其他國家先搶光了。在近代史上，這段時期被具體地稱爲「瓜分狂潮」。

原先列強還只是要錢，現在是直接要地，你一塊我一塊，眼看就要把中國分乾淨了，清政府預感到亡國就在眼前，慢吞吞的變革已經來不及了，必須要立刻、馬上變強大。

五

在這種情況下，翁同龢推薦的一位新科進士引起了光緒的注意。

這名新科進士叫做康有為，恰好在甲午戰敗那年考上了進士。康有為在考試中的名次並不高，考完後，被分配到工部當候補官員。工部類似於今天的內政、交通部，在當時中央各部中是最不重要的部門，而且當時人多官少，等著後補的官員非常多，很多人後補了一輩子都當不上官，也就是說，康有為基本上沒有當官的希望了。

但是康有為這個人志向很大，他自認為是孔子再世，有改天換地的才能。他沒有老老實實地等著上任，而是在北京發表各種著作、籌組學會、進行演說、不停向光緒皇帝上書。康有為的改革計畫十分激進，主張從中央到地方，從法律、財政到人事、教育，進行全盤改革。康有為善於言辭，他的言論十分有感染力，動輒引用歐洲、日本諸國變法成功的例子，還費心考證出《論語》、《易》中早就有變法的主張。康有為對光緒聲稱：按照他的方法改革，只需要三年時間，「各省鐵路皆成、學堂皆立、學會皆開，工有新器、商有新學、地有餘利、民有餘饒」，十年後大功告成，「足以雪仇恥而威四裔不難矣」。

十年「雪仇恥而威四裔」，這許諾對於光緒來說太吸引人了。光緒是在洋務運動時代長大的人，他從小就接觸西方文化，小時候就有西方國家的玩具廠商為他量身訂製過玩具，所以光緒不像他的長輩那樣，對西洋事務那麼抗拒，對於全面變法這種事十分感興趣。

然而，康有為的建議其實大有問題。

康有為追求的是國家立刻改頭換面，所以要實行的是快速、全面的變法，用他的話說，叫「能變則全，不變則亡。全變則強，小變仍亡」，可是變法就是要改變國家制度，要快速、全面的變法，就等於要把國家的大部分舊制度全都推翻，重新建立一套全新制度。

這談何容易！

在講中國古代史的時候我們曾說，每一項國家制度的制定都來之不易，即便是再聰明的人，不經過親身實踐，也很難判斷一個制度的效果怎麼樣。王莽是當時屈指可數的高材生，可是他不知道照搬《周禮》是不行的；漢武帝雄才大略，也不知道澈底剿滅游牧民族是得不償失；我們在明、清看到那一套成熟的政治制度，都是之前一千多年裡無數動亂、戰爭的慘痛教訓換來的。歐洲人也一樣，他們也不是神仙，也不知道什麼政策對國家最好，近代那些議會、憲法、保護私有財產之類的制度，也是經過好幾百年的爭執、嘗試慢慢總結出來的。再厲害的天才，也不可能自己關在屋子裡一條條空想出來。

中、日變法需要迅速，要在短時間裡建立一套新秩序，光靠自己想像不行，最好的辦法是從西方各國的制度中挑一個好的，直接照搬過來，細節願意改就改，但是大原則、根基都不能隨便亂動，如果一切光憑當事人腦子裡的空想（就像王莽），最後說不定出什麼差錯，而且，最好還要到外國親自看、親身學。

爲什麼呢？因爲一國的制度太複雜了，上到國家政體：有沒有議會？議會怎麼開？議員有多少人？怎麼選出來？下到各種瑣碎規定：一個縣需要幾個小學？國家郵局怎麼收費？哪些商品免稅？哪些不許老百姓私營？這些事務太過繁雜，很難靠書本和報紙間接學會。

所以日本實施維新變法，是派了一大堆人到外國去學習、考察，學成回來再指導國家。後來日本維新政府中的中堅力量，包括伊藤博文都有留洋經驗，此外，日本還僱傭了很多外國顧問，不時叫來諮詢。

可是康有爲不同，他在維新變法時沒有出過國，也沒有認眞學習過外語，他是靠閱讀二、三手的書籍了解外國事務。

康有爲給光緒的變法建議關係到國家事務的各方面，部分模仿外國，部分卻靠自己的想像和中國傳統知識來腦補，所以很多制度看起來是西式的，其實似是而非，並不實際，比如：他主張模仿西方大規模發行紙幣，但是沒有相應的保證金和發行計畫，這就很容易造成濫發紙幣，導致惡性通貨膨脹。

康有爲沒出過國，光緒更沒出過國，光緒對於國外的了解，要靠下面的臣子向他呈上來的書籍，或者閱讀報紙上的圖書廣告，再要辦事人員去購買，他的閱讀面比康有爲又窄了一層，且光緒的親信翁同龢原本就是頑固的清流派，是清廷裡最拒絕西洋事務的那批。

於是這麼一群人聚在一起，越聊越投機。

光緒越看越覺得康有爲的這套辦法實在是好，這些辦法一用，國家一定強啊！於是在甲午戰爭失敗三年後，光緒開始逐步重用康有爲，準備施行新政。

結果就出麻煩了！

出賣隊友的老戲迷——

戊戌變法（下）

一

麻煩在於，光緒並不能完全掌握皇權，在他的頭上還有一個慈禧。

當年慈禧的親兒子同治去世後，慈禧為了能繼續垂簾聽政，就把年幼的光緒過繼給自己當乾兒子，讓光緒繼位，這樣她又是皇太后，就能繼續執政了。

後來光緒長大，按理說，慈禧應該把權力交給光緒，但是整個清廷高層都知道慈禧不願意放手，尤其是光緒的親爸爸。他為人謹慎膽小，傳說他家有個家訓，前半句是：「家也大、產也大，子孫後來禍也大。」光緒他爸爸一聽慈禧要讓他兒子親政，立刻嚇瘋了，使勁求慈禧，說光緒還年幼，沒經驗，國事還離不開您老人家什麼的。他還提出一個「訓政」的說法，說光緒經驗不足，得在慈禧的訓導下，再實習幾年。實際上呢，還是讓慈禧把持國家大權，讓光緒在一邊當陪襯就行了，慈禧欣然接受。

訓政了兩年後，光緒的歲數太大，對國內、外實在交代不下去了，於是慈禧結束訓政，正式把權力交給光緒，自己住進了頤和園。但就算這樣，慈禧其實還是沒有完全放手，對政權還採用遙控的方式。

具體的做法，是每天的朝政大事由光緒自己處理，但是第二天都要以簡報的形式向慈禧報告，特別重要的決定，則要當天報告全文。慈禧如果遇見自己不喜歡的決定，因爲制度的限制，不能直接去更改光緒的命令（上諭已下，不可更改），但她可以在事後訓斥光緒。

最重要的一點，是高級官員的人事變動等特別重要的決定，光緒必須事先向慈禧請示，透過這種方式，慈禧保證朝廷中最重要的職位都是她自己的人，朝政的主要力量都在自己這一邊。

雖然理論上慈禧住在頤和園，光緒住紫禁城，實際上光緒也經常住頤和園，慈禧也經常住紫禁城。當兩個人住在一起的時候，爲了光緒早晚請安方便，兩人宮殿的步行時間不過十分鐘。按照茅海建的統計，在維新變法期間，兩個人住在一處的時間，比分開的時間要長得多，就算兩個人不住在一起的時候，紫禁城和頤和園距離也不算遠，單程半天時間就能趕到。

換句話說，在維新期間，慈禧對於光緒處於半放手的狀態，在一些小事上，光緒有自主權，但是到了國家大事上，一切還都要聽慈禧的。

二

慈禧並不反對維新，按照翁同龢的記錄，慈禧曾經在維新時對光緒說過：「今宜專講西學。」她說：咱們這時候只能向西方學習了，主張別的都不合適啦！

從這個角度說，慈禧其實是維新派，當年的洋務運動她也算頗爲支持，甲午戰敗後，還是在她的力保下，李鴻章才免遭懲罰，最後還給了個兩廣總督的肥缺。

更不用說到了甲午戰敗以後，連翁同龢都知道變法的必要，一貫支持洋務運動的慈禧當然更知道。在維新早期，光緒任用的維新派人士、頒布維新政策，全都事先經過了慈禧的同意，在這點上，慈禧和光緒沒有衝突。

但是，慈禧有個不能碰的底線：任何變法都不能影響她手中的權力。慈禧這人極爲戀權，當年實行洋務運動的時候，她就是一手扶植洋務派，一手扶植清流派，既要國家富強，又要防止有人威脅她的權力。

光緒實行維新她不反對，但前提是必須保證她對朝廷的掌握。

可是，康有爲和光緒想實行的是迅速型變法，要在短時間內除掉所有既得利益者，也就是要在清廷高層進行人事大洗牌。問題是，慈禧在法理上沒有任何權力，她之所以能控制朝廷，靠的是人事，靠的是朝廷裡那些聽她命令的大官，光緒要人事大洗牌，也就等於要奪走慈禧的權力，這是慈禧萬萬不能答應的。

當光緒越來越倚重康有爲等人，開始擴張權力的時候，慈禧認爲自己受到威脅，開始感到不滿。在慈禧的眼裡，分辨敵友和這人維不維新無關，關鍵是看他忠於慈禧還是忠於光緒，所以慈禧除掉的第一個人不是康有爲，而是翁同龢。

早年翁同龢與慈禧的關係還算不錯，但他作爲光緒的老師，後來與光緒越走越近。甲午戰爭後，光緒重用翁同龢，把他調入軍機處，還經常私下和他聊天，這讓慈禧非常不滿意。就在光緒召見康有爲，準備大規模變法的前一天，慈禧突然調整高層人事，罷黜翁同龢，調她的親信榮祿爲直隸總督兼北洋大臣。

前面說過，這個「直隸總督兼北洋大臣」的位置太重要了，直接掌握京畿地區的軍政大權，北京附近的軍隊都歸他管。

慈禧換上榮祿的當天，就以光緒的名義宣布：三個月後和光緒一起到天津閱兵。慈禧這麼做的目的，是在她調整上層權力後，向清廷高層和各省督撫宣布她對北洋軍隊仍舊有掌控力，維持上層對她的信心。

這次人事調整，說明光緒和慈禧已經有了明顯的衝突，但是慈禧還是沒有反對維新，只是要求光緒變法的手段不要太激烈。

然而，這個要求光緒做不到，最大的問題在於康有爲。

康有爲希望在現有的中央部門之外，另設一套叫「制度局」機構①，由康有爲擔任主管。這個機構名義上是向皇帝提供諮詢，實際上擁有類似軍機處的權力，把軍機處和總理衙門全都架空，將來康有爲就是一人之下，萬人之上的首輔、宰相。

事後，很多人因此批評康有爲權力欲太重，一心培植私人勢力。這個指責可以成立，但換一個角度看，想要進行快速、劇烈的變法，不掌握絕對的大權那是萬難施行，變法需要除掉既得利益者，你不奪大權，誰都動不了，變法不就成空談了嗎？從這個角度講，我們可以理解康有爲的做法。

可是康有爲的問題在於，他把政治想得太簡單，他以爲皇帝一言九鼎，只要光緒一句話，就能讓維新派獨攬大權，實際上，光緒那一句話恐怕都沒有榮祿，甚至沒有李鴻章的話管用。

①這個機構還有「議政處」、「懋勤殿」等其他名字。

要說康有爲想做別的事也就算了，他現在要解決的是人事問題，偏偏這是慈禧最不能碰的底線。

舉個例子，光緒有一次違背先例，在沒有事先徵得慈禧同意的情況下，擅自罷免了禮部六名阻礙變法的官員，又讓譚嗣同等四名維新人士擔任「軍機章京」（軍機處的低階官員），這讓慈禧太后極爲憤怒。

這件事要命的地方在於，從法理上講，光緒現在已經親政了，他有權力發布任何命令，他擅自變動人事的做法是符合制度的，而事前諮詢慈禧、事後向慈禧報告的做法在制度上找不到依據，光緒沒有必要一定這麼做。

當然，慈禧還掌控著朝中大員、掌握軍隊，可是清代制度和前朝不一樣，清朝是權力高度集中，軍機處連類似明朝內閣的封駁權都沒有，當皇帝的上諭和大臣之間產生衝突的時候，大臣必須服從，要不就是抗旨，所以雖然重臣都站在慈禧一邊，可是光緒要是眞不講母子情分了，就不聽慈禧的，非要按照自己的意志變動人事，只要上諭一發布，慈禧除了非法政變外，一點辦法都沒有。可是如果眞要非法政變，慈禧在輿論上就會陷於很被動的境地。中國南方有些督撫並不是絕對忠於慈禧，慈禧要是明目張膽違背上諭，武裝政變，政局的變數就很大。事實上，後來慈禧與光緒決裂時，的確有地方督撫上書要求保光緒。

換句話說，現在的慈禧的確牢牢控制著光緒，但前提是光緒念及和慈禧的母子之情，遵循大事向慈禧諮詢的舊傳統——全憑光緒的一念之間，而此時在光緒的旁邊，偏偏就有康有爲等人，整天鼓動光緒別老聽慈禧的話。康有爲在呈給光緒的奏摺裡，整天提什麼「乾綱獨斷」，總拿明治維新作比喻，說什麼只要您大權獨攬、行事雷厲風行，這變法一定就能成功！

這慈禧會答應嗎？

罷免禮部六堂官事件後，又有兩件事刺激了慈禧。

一件事是光緒希望按照康有爲的建議，成立獨立的「制度局」②。如前文所述，這是個要架空軍機處的機構，這當然是對慈禧權力的極大挑戰，爲了這件事，慈禧嚴厲訓斥了光緒。

另一件事是光緒要在紫禁城接見伊藤博文。伊藤博文曾經是日本首相，在明治維新和甲午戰爭中爲日本立下汗馬功勞。此時伊藤博文已經退休，以個人身分訪華，當時朝野盛傳光緒和維新黨人有意給伊藤博文一個官位，讓他當變法的顧問，這件事讓慈禧非常敏感，她生怕光緒又要像上次一樣，不經自己的同意，擅自任用伊藤博文。

當時慈禧正在頤和園，聽到消息後，她立刻趕回紫禁城，以防光緒擅自行動。其實光緒

② 當時稱為「懋勤殿」。

是個很軟弱的人，他接見伊藤博文只是例行公事，並沒說什麼過分的話。

但是，身邊一而再、再而三的出狀況，慈禧已經不能忍了。

三

獨裁制度下的政治鬥爭，是誰先出手誰就贏的「大逃殺」遊戲，獨裁者隨時可能在還沒有反應過來的時候就被人宰了——想想那個李建成，前一天還以爲自己能穩穩繼承大統，第二天就被親弟弟宰了；再想想那個肅順，前一天還萬人之上，第二天就成了刀下鬼。

慈禧是在肅順手下經歷過九死一生的人，她深知政治鬥爭的殘酷，平時極爲敏感多疑。據她身邊的宮女說，慈禧睡覺的床頭長窗是一面大玻璃，她睡覺時只要一歪身，把帳子一掀，就可以觀察到外面的一切；又說，慈禧的規矩是責打完的宮女一律趕出去不再用，因爲她說宮女被打後必有怨氣，有怨氣的人就不能在身邊侍候，可見慈禧平時的多疑和謹愼。

光緒一而再、再而三的不聽慈禧的話，這已經超過了慈禧的底線，萬一哪天光緒一衝動突然宣布撤銷軍機處、宣布查辦榮祿，那慈禧該怎麼辦？

「大逃殺」嘛！就看誰先下手快。

就在光緒接見伊藤博文的第二天，慈禧和光緒共同召見軍機大臣，慈禧強迫光緒發出一份上諭，說現在國事太難辦啦！我搞不定啦！還是像過去那樣，讓皇太后幫我處理吧！

換句話說，慈禧強迫光緒重新施行「訓政」，把權力奪了回來。

慈禧之所以要奪回權力，根本原因在於光緒非要去做一件不可能完成的事：在沒有擁有能控制全國的武裝力量情況下，要實行快速、全面變法。你貪快，想雷厲風行，最後必然會得罪太多的人，衝突積累到一定程度，反對派就會採取措施，把你推翻下臺。要知道這時候可不是慈禧一個人反對光緒，而是滿朝舊大臣都反對他，所以慈禧一聲令下，交權順利成功，朝廷裡一點風浪都沒有起。

所以說，光緒在變法這件事上犯了政治幼稚病，他之所以幼稚，一定程度上是受康有爲的影響。

康有爲極力向光緒介紹日本明治維新的「先進經驗」，不知道是眞的無知還是故意歪曲，康有爲向光緒灌輸一種印象：只要皇帝自己有決心，肯做，變法這件事就能成。然而我們知道，明治維新能成功是由一大堆客觀因素造成的，根本沒這麼簡單。

另外，康有爲爲人狂妄卻缺乏基本的政治經驗，用歷史作家姜鳴的話來說：康有爲「彷彿是個舊小說、舊戲文看得太多的土鄉紳」，康有爲完全不熟悉清廷高層的政治形勢和規則，經常用自己幼稚的想像去揣測高層的動向。

舉個例子，光緒曾宣布要和慈禧在天津閱兵，這件事前面講過，這是在維新變法開始前，慈禧罷免翁同龢後，早就預定的計畫，爲的是向清廷高層宣布慈禧仍舊掌握兵權，但是康有爲認爲這是慈禧要利用閱兵的機會，發動兵變控制光緒——這是極爲幼稚的猜想，就像剛才說的，慈禧要奪回光緒的權力，只需要把軍機大臣召集起來，讓光緒下道上諭就解決了，根本不需要這麼費勁，而且也沒聽說哪個軍事政變在三個月前就對外預告了，卻還遲遲不動手。

由於類似的一系列誤判，康有爲誤以爲慈禧太后在很早就有罷黜光緒帝的想法（其實並沒有），於是在很早以前，他就靠他戲文等級的政治經驗，策劃了一場軍事政變，把政變的希望寄託在袁世凱的身上。

四

袁世凱是個很有能力又很滑頭的人。

袁世凱原本在李鴻章手下，因爲能力出眾，很受李鴻章器重。在甲午戰爭爆發前，袁世凱帶兵鎭守在朝鮮。後來中、日衝突越來越激烈，袁世凱一看苗頭不對，馬上申請回國，躲過了甲午戰爭。後來甲午戰敗，李鴻章失勢，袁世凱立刻放棄李鴻章，投奔清流黨。

在朝鮮期間，袁世凱見識了日本陸軍的西式戰術，大受震撼，回國後決定嚴格按照西方的制度訓練士兵。戰敗後的朝廷正好急需練新兵，所以朝廷讓袁世凱在天津附近一個叫做「小站」的地方，訓練了一支七千人的新軍。

袁世凱是個很有本事的人，他的軍隊訓練得很成功，鑽營的功夫也沒放下。袁世凱很快發現，榮祿是慈禧太后的新寵，於是主動上書，要求自己接受榮祿的管轄，作爲回報，榮祿對袁世凱多有維護。

至於康有爲，對於這些複雜的人事關係完全不知道。當初康有爲還沒有被光緒重用的時候，他到處講學、籌組學會，聲勢弄得很大。那時候朝野人人都在講維新，實行維新是最時髦的政治風向，在這個大潮裡，袁世凱也參與過康有爲的學會。

袁世凱其實是在未雨綢繆，爲自己的政治前途多鋪條路，康有爲卻天眞地以爲袁世凱是眞心認同維新黨，實際上等到康有爲眞的開始變法後，袁世凱早就看清康有爲變法並不可行，私下抱怨康有爲把朝政處理得一團糟。

康有爲看錯了人不說，他還爲人過於狂妄，這犯了政治鬥爭的大忌。

有一個著名的橋段，說他唯一一次被光緒皇帝召見的時候，榮祿也在場。榮祿問康有爲：「你如何能推行變法啊？」康有爲竟然當眾回答：「殺掉一兩個阻撓新法的一、二品大員就可以了。」

你算算他這一句話得罪多少人？

嘴皮子上厲害也就算了，康有爲還眞動手，以實際行動得罪人。

他要建立「制度局」，冒犯了整個清廷高層，這還不算，他還提出澈底廢除科舉考試。從維新的角度講，廢除科舉當然是對的，教育是國家之本嘛！但是你得看看當時的環境。當時滿朝所有的官員都是經過科舉考試合格的高材生，他們的功名都是經由科舉獲取的，你突然廢科舉，不就等於否認了他們的功名資本嗎？

當年李鴻章推行洋務運動，也知道科舉誤國，幾次上書要求改革科舉。李鴻章可不是要廢掉科舉，只是想在現有的考試科目之外，增加一個「西學」，結果連這都受到嚴厲的批評，根本實行不下去。最後在他和奕訢的努力下，只能勉強增加了一個「算學」，這還是個早在唐朝就有的科舉科目。

當然，甲午戰爭後的環境不太一樣，人們急於求變，呼籲廢除科舉的聲音也比過去更大了，廢科舉不再是絕對不能討論的話題，當時提出廢除科舉的也不是只限於康有為一黨，包括光緒、慈禧，也支持廢科舉。

但是，廢科舉得有技巧，你不能冷不防一下子把整個科舉都廢了，因為全國還有數量龐大的知識分子正為了科舉考試日夜苦讀，有的人已經念了十年、二十年，甚至念了一輩子，還有很多讀書人以教科舉為生，你現在突然廢除科舉，不就等於毀了這些人的一生嗎？這就跟明天突然宣布廢除會考、學測、指考、國考，改考八股文是一個道理，作為學生、考生，你乍一聽還很興奮，再仔細一想，自己這些年辛苦都幹嘛去了？肯定也得掀桌子。

後來清朝到了快滅亡的時候，確實廢了科舉，但是用的是逐漸廢除的辦法：每次考試遞減三分之一的名額，逐步停掉（後因局勢惡化太快，提前五年終止科舉），這樣還能為那些舊學生留條活路。

但是康有為和光緒這兩位太急於求成了，宣布從下一次考試開始，立刻停止科舉，改成「策論」（政治議論文），這不是等於得罪了全天下的知識分子嗎？

雖然這道命令是透過光緒下達的，也經過了慈禧的同意，但是天下讀書人只知道這是康黨全力推行的政策，把康有爲當成了躲在皇帝背後的罪魁禍首。

偌大一個清帝國，菁英人才除了上面的高級官員外，就是下面的知識分子，現在康有爲一口氣把上、下都得罪了，他最後能有好下場嗎？袁世凱作爲官場老油條，怎麼可能跟著這種處境危險的人混呢？

但是袁世凱這人很圓滑，康有爲維新變法的時候，袁世凱一句反對他的話都沒說——現在康有爲正被光緒寵信，幹嘛平白無故得罪他呢？萬一老佛爺歸天了，將來讓康有爲得勢了呢？在政治形勢不明朗的時候，袁世凱從不公開表現自己的好惡，老老實實地練兵，這些舉動又被患有政治幼稚病的康有爲誤解，以爲袁世凱是可以爭取的盟友。

就在慈禧發動政變的前幾天，榮祿突然調動軍隊。按照茅海建的分析，當時有英國要和俄國開戰的傳聞，榮祿調動軍隊是爲了防備英、俄的正常舉動，但是康有爲認爲這是慈禧要最後攤牌，馬上要對光緒動手了，於是在榮祿調動軍隊的當晚，康有爲指使譚嗣同去找袁世凱。譚嗣同向袁世凱出示了一份僞造的密詔，謊稱榮祿要廢掉皇帝，光緒向維新黨求助，命令袁世凱先殺掉榮祿，然後派兵「一半圍頤和園，一半守宮」。所謂「圍頤和園」，其實指的是逮捕慈禧太后。

袁世凱就是傻了也不可能同意維新黨，就算袁世凱不懷疑詔書是僞造的，他也知道慈禧和光緒之間，有實力的是慈禧，絕不能站在光緒這邊。且不說袁世凱並不認同康有爲的新法，且不說袁世凱是榮祿的老部下，單單以當時京畿的軍事實力來看，袁世凱手下只有七千人，而京畿有北洋軍四、五萬，還有其他各省駐軍數萬，這些都歸榮祿統轄，北京城內還有旗兵數萬，袁世凱要是政變就等於自殺。但是圓滑的袁世凱沒有正面對譚嗣同說行還是不行，只拿了一些空話敷衍他，當然譚嗣同也反應過來了，知道這事沒希望。

除了說服袁世凱外，維新黨人還有一招：由譚嗣同僱傭幾十名「好漢」協助政變。什麼叫「好漢」？站在維新黨人的角度說，這些人是「江湖義士」；站在清廷的角度說，就是流氓、混混、黑道。靠這幾十個「好漢」想要突破森嚴的皇宮高牆、打敗數萬人的禁軍，這又是戲文看多了的後果。

明、清歷史上，的確有過江湖人士趁著宮禁不嚴，或者裡應外合一度攻入紫禁城的例子，但從來沒有一次能眞正傷及皇室。總而言之，康有爲的那些舉措沒有一個可靠。

一連串的政變挫折讓康有爲嗅到了危險的味道，在慈禧發動政變、宣布訓政的前一天，康有爲離開了北京。慈禧訓政的當天，宣布抓捕康有爲和其黨人，康有爲在外地得到消息，在英國人的幫助下逃到上海，之後又輾轉逃到香港。

五

慈禧發動政變後，剛開始對光緒的處置並不是很嚴厲，慈禧只是下令捉拿康有爲一黨，沒有軟禁光緒，也沒有大規模廢除新法。

隨後兩件事改變了慈禧的想法。

一件事是袁世凱告密。在笑呵呵地敷衍了譚嗣同後，譚嗣同前腳剛走，袁世凱後腳就找榮祿把事情都說了。等到袁世凱的小報告傳到慈禧耳朵裡的時候，慈禧這邊已經開始訓政了。接到這個消息的慈禧怒不可遏，因爲當時譚嗣同是以「皇帝有密詔要救駕」的名義去找袁世凱，所以在慈禧看來，這不是康有爲要謀反，而是光緒要謀反，要殺她，這個消息嚴重打擊了慈禧。

從剛開始立光緒的時候，慈禧知道早晚有一天得把權力交給光緒，所以她十分注意培養和光緒之間的感情。光緒入宮的時候只有三歲半，還是個什麼都不懂的孩子，慈禧堅持親自照料光緒的生活，據說還親自哄他睡覺、手把手教他識字。光緒長大後，慈禧也常用母愛和孝道教育他，結果現在竟然傳來光緒要「弑親」的消息，這讓慈禧既恐懼又寒心。

這事還沒停歇，康有爲在香港又向光緒完美補了一刀。

慈禧發動政變關係到整個亞洲地區的政治局勢，在當時是一件舉世矚目的大事。康有爲一離開清政府的勢力範圍，立刻成了世界各國記者關注的焦點。結果到了香港後，康有爲馬上接受記者採訪，在採訪中大談光緒對他如何信任，說光緒已經不認慈禧爲母親，還出示了一份僞造的光緒密詔，說光緒要康有爲去英國求救，幫助光緒恢復權力。

康有爲出示的密詔並不是憑空僞造的，原件的確存在，是光緒在慈禧發動政變前，交給軍機四章京中的楊銳，當時，光緒和慈禧已經因爲擅自任用軍機四章京的事發生了爭吵。有一天，光緒下了一道密詔給楊銳，光緒在密詔中說：他本想罷免所有阻礙變法的官員，但是我權力不夠，如果硬要罷免，「果使如此，則朕位且不能保，何況其他？」光緒要求楊銳與其他三位軍機章京（並無康有爲）想出一個辦法，既可以重用維新黨人，又不會觸怒慈禧。

這封密詔後來被康有爲等人多次修改，聲稱這份密詔是給康有爲，關鍵內容也改成了「今朕位幾不保，汝可與……諸同志妥速密籌，設法密救。朕十分焦灼，不勝企望之至。」

這就是說，光緒那份密詔原本的意思是：「四位軍機章京，請你們好好商量商量怎麼能說服皇太后，和平解決這事。」經過康有爲等人的修改後，變成了：「康有爲，我要被皇太后害了，快救救我！」內容完全顚倒了。此時軍機四章京已經被慈禧太后處死，光緒被慈禧控制，康有爲仗著死無對證，把自己美化成了獨受密詔，忠心救主的維新重臣。

如果以善意來解釋康有爲的做法，可以解釋爲他是爲了拯救光緒，不得不使用的輿論攻勢，可是不知道他有沒有想過，他這番言論會讓光緒陷入極危險的境地。

光緒原本不想忤逆慈禧，壓根就沒做過對不起慈禧的事，現在康有爲的這番搗亂，徹底出賣了光緒，更要命的，是康有爲等人到了國外後，一直在高調謀劃「救駕」，又是在報紙上製造輿論，又是游說列強干涉，又籌組日本浪人武裝救駕（又是戲文看多了的結果）。康黨不遺餘力地痛罵慈禧、聲援光緒，使得光緒的存在對慈禧來說，成了現實威脅，慈禧開始認眞地考慮廢帝，有很多歷史學家甚至認爲，慈禧此時殺光緒的心都有了，根據是：慈禧政變後，對外宣傳光緒早在四個月以前就一直處於病重狀態，又謊稱康有爲等人向光緒供奉毒藥，想要謀害皇帝。因此有學者認爲，慈禧這麼做，一是要試探外界對廢帝的反應，二是爲自己毒殺光緒找個藉口。據慈禧身邊的宮女說，政變那年以後，光緒就拒絕吃藥，這恐怕也與擔心被毒殺有關。

可是訓政和廢帝、殺帝有本質不同。訓政雖然屬於政變，但有前例可循，在制度上是合法的；殺帝在儒家道德裡屬於大逆不道就不說了，就連廢帝在法理上也站不住腳，因此無論是朝中官員，還是各省督撫，大多反對慈禧太后廢掉光緒，而且外國列強也反對。

清廷皇室動盪，關係到西方各國的在華利益，列強自然很關心。

其中最支持維新派的是日本和英國。

日本支持維新派和甲午戰爭有關。甲午戰爭裡，日本觸犯了俄國在亞洲的利益，因此戰後俄國對日本的侵華行爲多有阻撓，這讓李鴻章等清廷官員產生了聯合俄國對抗日本的想法，在這個思想下，清廷一度和俄國走得很近，李鴻章出面簽訂了《中俄密約》，把東北地區的很多利益都出讓給俄國（據俄方檔案記錄，李鴻章收了巨額賄賂）。日本一看，這樣下去咱們就吃虧了啊！於是希望在清廷裡培植親日派。康有爲的維新主張和明治維新很像，康有爲在談變法時又言必學日本，因此日本大力支持康有爲。英國爲了對抗俄國，在亞洲與日本結成了聯盟，所以英國也站在康有爲這一邊。

慈禧通緝康有爲等人的時候，是英國人把康有爲運出了中國，後來又送康有爲去了日本。梁啟超則是到日本使館求助，在日本領事的幫助下逃到了日本。

英、日支持康有爲，其他各國也傾向於保護光緒，因爲列強爲了維持在華利益，他們對清廷的期望是「能保持穩定統治，同時易於控制」。慈禧和光緒兩個人比起來，列強認爲光緒代表著維新，慈禧代表著舊勢力，光緒更願意與外國合作，慈禧對外更保守一些，而且以當時的形勢看，列強大多認爲，要是不維新，清政府眞的撐不下去了。

在這種情況下，各國都開始干涉清廷內政。

慈禧政變半個月後，多個國家藉口有外國人在北京被打傷，帶兵進入北京使館區，駐兵地點距離慈禧的寢宮不到三公里。

政變後，慈禧對外宣布光緒病重，從此，所有外國人再也沒見過光緒，這使得坊間有各種傳聞，甚至有人說慈禧已經把光緒殺了，於是各國又向清廷發照會，一致要求找一個外國醫生爲光緒看病。

按說這種事清廷完全可以拒絕——我們皇帝病了，憑什麼要讓你外國人來替我們看病？但是在各國駐兵的壓力下，慈禧爲了安撫列強，答應由一位法國醫生爲光緒看病。看病的結果，光緒的身體沒有大問題。因爲列強的壓力，毒殺光緒肯定是不行了，廢帝的壓力也太大，最後，慈禧將光緒軟禁在西苑的瀛臺裡。

西苑是紫禁城西邊的一片皇家園林，與紫禁城隔著一條街，和以磚木建築爲主的紫禁城不同，西苑有大面積的湖泊。慈禧平時回北京的時候，並不住在紫禁城裡面，而是住在西苑。慈禧住西苑時，光緒爲了每天向慈禧請安方便，也就跟著住在西苑的瀛臺。

瀛臺是一個小島，只有一座橋和外界連接，面積不算小，有三進院子，岸邊還有一些小亭子，相當於是個皇家的小別墅。因爲瀛臺本來就是光緒常住的地方，又四面環水便於看守，於是被慈禧當成軟禁光緒的囚牢。慈禧下令封鎖瀛臺的全部出、入口，湖泊沿岸都安排了人員監視。到了冬天，湖面結冰，慈禧又叫人把冰面砸出一丈餘尺的寬度以防有人渡河。

軟禁光緒帝的同時，原本不是很反對變法的慈禧，開始大規模罷免維新官員、廢掉新法，之前所有的變法成就幾乎全部作廢，康黨和光緒共同策劃的維新變法澈底失敗。

六

戊戌變法是一場在理想主義外表下的政治鬧劇。

戊戌變法之所以失敗，最關鍵的原因在於維新派不可能像日本明治維新那樣，掌握能震懾全國的武力。

爲什麼這麼說呢？

從表面上看，變法失敗的直接原因是慈禧貪戀權力、破壞變法，是康有爲犯有嚴重的政治幼稚病，他錯誤地想像清廷高層的政治動向，幼稚地相信袁世凱，又自私地讓光緒陷入危險境地。

然而，就算退一步說，假設康有爲沒有犯上述錯誤，甚至再退一步說，假設慈禧太后突然駕崩，光緒親政了，其實變法仍舊不能成功，因爲快速的變法需要除掉大量既得利益者，而清廷絕大部分高官、貴族、軍事統領都是既得利益者，他們不會答應。

當初康有爲主張建立「制度局」時，還輪不到慈禧反對他，滿朝的王公貴族、高級官員都一致反對，這些人反對的理由也冠冕堂皇：你在國家已有的機構之外另立新機構，你這是擾亂國家制度，這是亂政。舊的國家制度經過上百年的檢驗，已經被證明是穩定的，你現在弄個沒人監督、制衡的新機構，你會不會大權獨攬，威脅皇權？你康有爲是不是有野心？

再退一步說，假設慈禧太后已經死了，光緒英明神武，控制了京畿的軍權，把朝臣都控制在股掌之上，朝廷中所有大臣都一致服從光緒了，戊戌變法能成功了嗎？還是成功不了。因爲晚清朝廷權力下移，地方勢力極大，就算中央聽了光緒的，地方上也未必會聽。

當時的情況，別說地方上的保守派了，就連那些主張洋務、眼光相對開放一些的官員，也都反對朝廷變法。

一是因爲有些洋務派還相信「中學爲體，西學爲用」，不主張康有爲那種激進的改革；二是因爲，劇烈的變法和各省督撫的利益是衝突的。前面說過，變法的關鍵在於消除特權階級，而那些主張洋務的地方大員，他們爲了能貫徹自己的命令，在地方上擁有說一不二的特權，他們恰恰是在新政策下要被除掉的階層。

展現在具體事情上，就是很多原本由各省督撫獨攬的權力，在康有為的新法下要收歸中央，再加上康有為的不少新政原本就不現實，因此，包括李鴻章在內的很多督撫都抵制新法。在光緒施行變法政策的短短三個月裡，就有很多督撫陰奉陽違，沒有認真執行朝廷的新政。

維新派的政策上到朝廷大員，中間到各地督撫，下到普通知識分子都激烈反對，維新派又沒有掌握軍隊，任何一個對手都打不過，這樣的變法怎麼會成功呢？

戊戌變法雖然是一場鬧劇，卻造成了惡劣的後果。慈禧極度恐懼失去權力，在政變後採取了過激反應：停止一切維新改革，甚至包括那些慈禧已經同意的新政都被取消。以後人的觀點來看，大清失去了自我挽救的最後機會。

經過這次大清洗，朝廷原來人人談維新的風氣發生了大轉彎，保守派、清流派重新抬頭，間接促成了義和團運動的爆發。

秉公斷案？對不起，臣妾做不到啊！——

義和團運動（上）

一

清朝末年的歷史大事，全都是大清國的「倒楣事」：要麼就是外國人來欺負我們，要麼就是革命黨鬧革命，可是這些事件並不是均勻分布在時間軸上的，開始幾件事的時間間隔很長，越到後面越短：

從第一次鴉片戰爭到第二次鴉片戰爭，中間隔了十四年；從第二次鴉片戰爭到甲午戰爭，中間隔了三十四年。

這之間都隔了一輩人甚至兩三輩人，後面的進程就加快了。

從甲午戰爭戰敗到戊戌變法，中間只隔了三年；從戊戌變法到八國聯軍入侵，中間隔了兩年；之後再過十二年，清政府就滅亡了。

後面這幾件事加在一起也就只有十七年，這十七年裡，清廷出現一場又一場的動盪，直到最後走向滅亡，這說明了什麼？這說明，甲午戰爭是清朝走向崩盤的轉捩點，甲午戰敗和巨額賠款把清政府的國力逼到了極限，往後，清政府的財政、執政能力都在不斷下降：政府能力越差，局勢就越爛；局勢一爛，稅收上不來，政府能力就更差，最後只能束手無策，眼看著問題一個接一個地爆發，把自己送上終點。

義和團運動，就是一場清政府無力阻止，甚至是無力控制的事件。

義和團運動的源頭，在於第二次鴉片戰爭中簽訂的《天津條約》。《天津條約》規定，外國傳教士可以進入中國內地自由傳教，這打開了基督教進入中國的大門。

中國老百姓對於宗教信仰這種事，很多人都是馬馬虎虎，也不管什麼佛教、道教的區別，大家說哪個神靈驗就拜，朝廷要是禁止我拜，我就不拜。

歐洲人不同，歐洲傳統文化對宗教信仰特別虔誠，甚至很多人認爲信仰比自己的生命還重要。

晚清的中國，有不少狂熱的傳教士，對於當年的外國人來說，在中國生活是一件很辛苦的事。在那時駐華公使和其家屬在對中國的描述中，時常可以看到「骯髒」、「惡臭」、「無法忍受」之類的描述，這還是在「首善之地」的北京，外國使館區就在紫禁城旁邊，全國最高級的地段條件還這麼差，何況是在普通鄉村。可是當時有很多西方傳教士不辭辛苦深入鄉村傳教，尤其是沿海省分，充滿了傳教士的身影。

按理說，在中國傳教並不難，因爲中國老百姓對宗教很寬容，中國人缺少「異教」的概念。在很多地方小廟裡，往往這邊供著一個觀音菩薩，那邊供著一個玉皇大帝，正門口還立著一關老爺，老百姓都拜完了一出門，又朝村口的狐大仙磕三個頭，最後回到家裡，再向家裡的灶王爺燒個香，一點都不衝突。因爲這份寬容，外國宗教在中國向來暢通無阻，印度佛教就是最成功的例子，如今已經變成中國傳統文化的一部分了。

但是，傳統中國人對於外來宗教也不是無條件接受，要接受還得有個大前提：這個宗教不能和儒家道德產生衝突。

這是因爲儒家道德是傳統中國的治國之本，在統治者千百年孜孜不倦地努力中，儒家道德已經深入中國傳統百姓的骨髓，各路宗教主張什麼神、鬼都可以，一旦主張「不孝」、「男女平等」這種違背儒家道德的信條，那就麻煩了，馬上就不會有人信你，所以我們今天熟悉的漢傳佛教，其實都經過了儒家道德的改造，和原本的印度佛教已經有很多不同了。

比如：佛教講「眾生平等」，這個「眾生」當然也包括男女平等，父子平等，但是儒家不講眾生平等，儒家講的是「三綱五常」，講的是長幼尊卑。結果佛教到了中國後，就漸漸不敢講父子平等了，反倒在中國冒出了很多《父母恩重經》之類講孝道的經文。

再比如：佛教主張出家，要求僧人出家後和原來的家庭斷絕一切關係，這樣才能安心修行。但這又和儒家的「孝道」衝突了，所以後來的漢傳佛教就要求出家前必須先徵得父母同意，也不禁止出家後繼續孝順父母。有些盡孝事蹟突出的出家人，甚至還會被收入到《名僧錄》一類的著作裡，特別加以表彰。

只有符合儒家道德的宗教，才能在舊中國生存下去。

基督教的問題，在於它極端排斥異教。《聖經》裡上帝宣布的「十誡」中，第一誡就是「除了我以外，你不可有別的神。」第二誡還說：「不可做什麼形像彷彿上天、下地，和地底下、水中的百物。不可跪拜那些像，也不可侍奉他。」所以信奉了基督教後，什麼觀世音菩薩、玉皇大帝、關老爺、財神爺、灶王爺、土地公都不能再信了，這和中國人寬容的宗教觀是不符的。

更重要的，是儒家有個很重要的「祭祖」儀式。前面曾說過，中國古代沒有普及教育，儒家道德之所以能深入每一個百姓的心中，靠的就是婚喪嫁娶這些民間儀式，其中最重要的是祭祖。在祭祖活動裡，所有的家族成員要按照輩分、性別、遠支、近支在固定位置站好，按照嚴格的順序行禮。這個過程是在強化每個人在宗族中的地位，靠儀式把儒家的「長幼尊卑」固定下來，只有固定了人與人之間的位置次序，才能談得上「三綱五常」，才能談得上各種儒家道德。所以在舊中國，一個家族的祖墳、宗廟是最重要的建築，祭祖是最隆重的儀式。祭祖儀式辦不好，這個家族、這個村落的道德秩序就很難維持好。

可是基督教不允許信眾跪拜任何偶像，這個偶像也包括祖先的牌位，所以當時的中國人只要加入了基督教，就不能再祭祖，這麼做就等於背叛整個宗族，在當時屬於大逆不道。

除了祭祖，婚禮、葬禮也是傳統社會強調儒家秩序的重要儀式，結果基督教也把這兩個儀式包攬過來，要求由牧師主持西式的婚禮和葬禮；另外，中國傳統農村的很多公共事務，如修廟、祭祀等大型活動都是由各家集資完成，加入教會就意味著不能再參加這些公共活動，不再出錢，這也和傳統社會產生了衝突。

這就是說，當時的百姓一旦加入了基督教，就等於和整個宗族、傳統生活決裂了。正常情況下，誰還願意入教呢？

傳教的困難還不只這些。

二

西方人與中國人完全不同的相貌、語言和生活方式，也加大了傳教的難度。

你可能看過這樣的惡作劇影片：有個女生在半夜裡穿著白色的衣服，散開長頭髮，用頭髮遮住臉，站在陰暗的走廊，遇到有人路過，她就半低下頭，雙手下垂，慢慢朝人家走過去。影片裡大部分路人都以為遇見了女鬼，被她嚇得半死（當然也有少數好漢打她一頓）。

我們冷靜地想一下，其實這件事很奇怪：那些被嚇到的人，他們究竟看到了什麼？他們只是看到了一個披頭散髮的白衣女人而已，這個場景雖然很怪，但並不屬於超自然現象，並不能證明這個女子就是鬼，爲什麼很多人第一反應就認爲她是鬼，就嚇得要跑呢？這是因爲人類的思維方式有一個特點：在遇到不熟悉的事物時，會自動把它比附成自己熟悉的東西。

當我們毫無防備地在半夜裡遇到一個披頭散髮的白衣女子時，大腦的第一反應是這個場景很古怪，第二個反應是立刻從記憶庫中尋找類似的舊記憶來解釋它，於是大腦找到了我們曾經看過的那些日式恐怖片，馬上判斷：「媽呀！這不就和我們看過的女鬼一樣嗎？這是女鬼！這是女鬼！」接著，大腦就調取記憶中關於「女鬼」的所有知識，鬼片中女鬼瞬間移動、張牙舞爪、肢體亂扭的恐怖景象馬上被調取出來，安到眼前這個女孩的身上，於是我們就會錯誤地以爲，眼前這個女孩在下一秒裡也會突然張牙舞爪了。

對於古代的中國人來說，西方人高鼻梁、深眼眶、藍眼睛、白皮膚、金頭髮，說話嘰哩咕嚕，這是從沒見過的古怪樣子。在中國人記憶裡，與之最近的形象是什麼呢？正好是傳統文化中的小鬼，所以普通百姓很容易把西方人當成了鬼，這才有了「洋鬼子」這個稱呼。

西方商人還好，因爲商人就是想做買賣，他們平時賺錢占便宜，吃喝玩樂追姑娘，這些行爲方式和中國商人是一樣的。

可是西方傳教士的行爲就太古怪了，完全脫離了中國古代百姓的生活經驗。比如：傳教士在中國建立了很多孤兒院，一方面是基於人道主義，一方面也是爲了傳教方便，因爲孤兒可以從小接受教會的教育，很容易傳教。

可是這些孤兒院不僅收留一般的孤兒，還收留身心障礙的孩子及年齡較大的兒童，這在我們今天看來是天經地義的事，但在當時的中國百姓看來，卻很難理解。中國傳統百姓收留孩子，多半是因爲自己無子或者孩子太少，收留孩子爲的是家族人丁興旺、有人能工作、能盡孝，因此當時的百姓都願意收留身體健全的男孩子，而且最好是沒有記憶力的幼童，讓他們一懂事就知道叫爸、媽，當親兒子養。所以很少有人會收留年齡較大的兒童，更不可能收養身心障礙兒童——那個時代因爲沒有飯吃，殺死健康嬰兒都是很普遍的行爲，怎麼可能去收養身心障礙兒童呢？所以當時的中國百姓非常不理解外國孤兒院的做法。

外國人無利不起早，養孤兒要花那麼多錢，他們不可能做白工，那他們貪圖的是什麼呢？一個很「合理」的解釋是，他們收養年齡較大的兒童是爲了割取器官用來配藥，因爲器官長成了。外國人辦特教學校，還收留盲童，這怎麼解釋呢？這些盲人學校裡的中國學生，他們就是被洋人割下眼睛的受害者呀！

基督教還有個儀式：信眾臨終時，要向教父懺悔，有時教父還會在臨終者的頭、手上塗抹聖油。這在中國百姓看來也太古怪了：每當信教者臨終，總有傳教士千里迢迢趕過來，在人家的身上比比劃劃，這都在幹嘛呢？不明就裡的人就說了：這是傳教士來挖死者的眼睛。

在第二次鴉片戰爭以後，有一年天津鬧瘟疫，外國傳教士開辦的孤兒院裡病死了很多孩子，屍體被草草埋到了附近的野地裡。有些屍體被野狗刨出啃咬，樣子慘不忍睹，有些中國百姓見到這些屍體，便認為這是外國人摘取兒童器官後拋棄的，正好當時又有人口販子在拐賣小孩，兩件事合在一起，坐實了「外國傳教士拐賣中國兒童摘取器官」的傳言。

於是群情激奮，當地百姓和外國人發生了激烈衝突，最終百姓們燒毀了法國領事館、孤兒院和數座教堂，打死了包括牧師、修女、婦女在內的二十名外國人和幾十名替外國人工作的中國人，這是在近代史上很有名的「天津教案」，最後以清廷賠錢、懲辦當事百姓和官員、派使團道歉才算了結。

在第二次鴉片戰爭以後，類似的謠言和衝突非常多。

引起謠言的還不止是收養兒童。

西方近代社會和傳統中國的另一大區別是西方更主張男女平等。

清朝是中國歷史上等級關係最森嚴的朝代，什麼「大門不出、二門不邁」，什麼守寡立個貞潔牌坊之類的，都是那時候特別流行的事，有點身分的女子都不許拋頭露面，平時也要穿著包裹嚴緊、不顯露身材的衣服，漢人女子還要裹小腳。

那個時代的西方世界也講重男輕女，但是比清朝好很多。清朝的貴族女性不許隨意出門，西方女性卻可以隨便在大馬路上蹓躂，可以和老公挽著手臂並肩走。維多利亞時代的女性衣服講究曲線畢露，領子開口還很低，動不動就露出一片雪白的胸口，這樣的外國女子走在路上，在保守的清朝百姓看來，幾乎與裸體差不多了。所以當時的中國人普遍有「西方女子不知羞恥」、「男女關係混亂」的印象。

基督教主張男女平等，認爲所有的男女信徒都是兄弟姐妹，進行宗教活動的時候不分男女，又常常在教堂內進行，外人看不到裡面發生了什麼，於是民間就傳說教民進行儀式時，「男女雜處」，行淫亂之事。

因爲這些誤解，因爲基督教與儒家社會的種種衝突，導致基督教沒法融入到中國百姓的生活中，傳教的難度非常大。

結果，西方傳教士們想到了一個「貽害無窮」的辦法。

三

當初天津教案弄得清朝上下群情激昂，都說外國人挖小孩器官太可恨，要求對外國強硬點，但處理此事的曾國藩、李鴻章以及背後主政的奕訢都是務實的洋務派，他們剛剛經歷過第二次鴉片戰爭的慘敗，知道與外國人來硬的不會有好結果，於是堅持賠款道歉，以退讓的方式結束此事。

從此往後幾十年裡，清廷大力實行洋務運動，對外事務都是由奕訢、李鴻章這群洋務派主持。清廷對教案的處理，也都延續退讓的風格，儘量減少與列強衝突，這麼一來，就讓那些傳教士看到了可乘之機。

外國人在中國原本就有不公平的「治外法權」，現在清廷在教會和中國百姓的衝突中又屢屢退讓，這導致教會在中國擁有了高於法律的特殊地位，傳教士們就利用這個特權吸引教民：凡是成爲教民的中國百姓，教會都給予司法保護。

當教民和普通百姓發生衝突的時候，教會就去找清朝地方官施壓，要求地方官偏袒教民，要是地方官不聽，教會就去找本國的外交官，讓外交官向總理衙門施壓，總理衙門一害怕，就去逼地方官讓步，最後還是讓教民得利，所以當時就有一句話，叫「民怕官，官怕督撫，督撫怕總署，總署怕洋人」。

這樣一來，加入教會的誘惑力大增，在官司中吃了虧的中國百姓都搶著要入教。一位英國駐華領事舉過一個例子，說在湖北某個地方，有兩個村子因爲一個池塘的所有權對簿公堂，一個村子在官司打輸後，決定全村都加入天主教會，隨後神父立即要求重審，另一個村子見勢不妙，決定全村立刻加入英國國教。

加入教會成了中國百姓打贏官司的法寶了。

這種情況從第二次鴉片戰爭後就存在，一直到了戊戌變法中的德國強占膠州灣事件後，達到了高峰。

前面介紹過德國強占膠州灣事件，大致過程是山東有百姓殺了德國傳教士，德軍就以此爲藉口在山東登陸，非要強占膠州灣，最後清廷只能屈服。

這件事最惡劣的地方在於，德國太耍流氓了。

在膠州灣事件之前，列強發動戰爭多少要講一點藉口（雖然細究起來未必成立），比如：第一次鴉片戰爭藉口是「林則徐燒毀的鴉片是英國女王的財產」，要求賠償鴉片款；第二次鴉片戰爭的藉口是按照《天津條約》的規定進京換約；甲午戰爭的藉口是清方擅自往朝鮮派兵，違反了之前的中、日協定等等，起碼在表面上要找個清政府違反國際法的理由。

但是強占膠州灣這事就完全講不出理來，傳教士被殺，清廷已經答應賠錢、懲治犯人，這麼做按照國際法已經足夠了，德國要是不服，可以向當地政府起訴，可以透過外交部抗議，甚至可以斷交，卻沒有派兵的道理，再說，派兵也就派兵了，又沒有賴著不走，強占領土的道理。這就好比今天有個中國人在紐約被殺，美方抓住犯人了，也槍斃了，甚至都賠錢了，結果中國出兵占領紐約市，說：「這裡就借我們用上一百年。」完全沒有邏輯嘛！實際上，德國就是沒有邏輯，就是硬來，就是沒藉口，你愛怎麼想就怎麼想。

這件事更刺激大眾的，是清廷沒做出任何抵抗。

割讓土地這麼大的事，清廷之前幾次好歹抵抗過，和列強開打之前都很有信心，但對於膠州灣這件事，清廷明明知道德國欺負人，明明氣得要命，卻很清楚自己打不過，只能低頭認錯。而且不只是割讓膠州灣，清廷還被迫答應在山東的大城市和傳教士遇害的村莊裡，由朝廷出資修建大教堂，還要在門上刻「欽建天主教堂」，甚至在多個城市為傳教士修建住宅，而將在這件事裡完全沒錯的山東巡撫革職，永不敘用。

也就是說，德國不僅要了實惠，連面子也要走了——在家門口不僅搶了你的錢，還要你跪下說「大哥我錯了」，但是清廷因為打不過，就是沒辦法。

有了這個開頭，後面的列強以「最惠國待遇」為藉口紛紛有樣學樣，都不講道理了，都來硬要港口、要修路權，清廷也沒有辦法，只能都答應下來。此時的清政府已經陷入了極爲無助的境地：既無法與列強講理，又無法打仗，唯一抵抗的辦法只有用外交手段「以夷制夷」——以流氓制流氓，結果大家也知道，就像當年「三國干涉還遼」事件一樣，往往是列強早就私下溝通好了，被合夥算計的是大清。

在這種隨時隨地都可能被蹂躪的情況下，清廷對於對外事務只能如履薄冰。德國強占膠州灣事件的藉口是教案，以後清廷在處理教案上就越謹愼，一律無條件地支持教會，就怕不知道什麼時候再來一場膠州灣事件。

在這種背景下，教會的行爲也就越來越過分。

四

德國強占膠州灣事件後，有一次山東省某個村莊的村民爲了爭奪村廟發生爭鬥，一名教民被打傷，結果德國傳教士派人送信給縣令，說有教民被打死了，縣令一聽嚇瘋了，趕緊到現場，發現這個人根本沒死，只是受了「極輕微的傷」。這時，傳教士拿出一份有二十名

「罪犯」的名單，名單上的人當場下跪，乞求入教，傳教士便稱他們為「好人」，說不再控告他們；然後又拿出五名「犯罪」的名單，這幾個人趕緊向教民交出了一百七十吊錢作為賠償，於是傳教士又馬上說這五個人無罪。隨後，傳教士又指出另外七個人有罪，要求懲罰該村九百吊錢，縣令為了平息事態，只能答應了傳教士的要求，又讓村民擺出十桌酒席作為賠償，這件事才算平息。

這樣的事情一多，中國的百姓，尤其是教會勢力興盛的山東、河北一帶的百姓，很多人都加入了教會。

傳教士樂了，鄉紳們怒了。

教會雖然讓很多中國人入教，但是教會與中國傳統社會之間的隔閡問題並沒有解決。教民們不祭祖、不參加中式婚禮和葬禮、不為修廟等公共事務出錢，使得教民被普通村民排斥。更關鍵的，如果說一些村民是為了訴訟獲勝才加入教會，那說明他們原本在訴訟中不能獲勝，而那些負責裁判民事糾紛的人，都是本村的族長、鄉紳。也就是說，很多中國人之所以加入教會，是因為他們之前與鄉紳有衝突，現在有了教會撐腰，這些人免不了要採取報復。

所以教民和當地鄉紳之間，普遍存在激烈的衝突。在以鄉紳為首的「老實」百姓們看來，那些加入教會的人都是些違反亂紀的「二鬼子」；在教民們看來，鄉紳都是處事不公、仗勢欺人的土豪惡霸。

隨著時間的推移，兩者的衝突越來越激烈。

傳統農村的宗族、鄉紳除了要維持秩序外，還擔負著提供社會福利的任務，如：大宗族常有一些公用的田地，用來資助本族中的貧苦人家，免費供族中的孩子上學，諸如：修橋鋪路、挖井引水一類的公益活動，也常有本地的鄉紳帶頭承擔。既然教民與普通村民決裂，村民也就把他們排除到社會福利之外，不允許他們使用公用的水井，不借他們農具；教民的孩子被稱為「小鬼子」，村民不讓自己的孩子與他們玩，不許他們進入私塾學習。在這種敵對情緒中，一旦村民之間出現糾紛，或者誰家丟了東西，都會引來村民和教民的嚴重對立。

慢慢的，在那些被教會滲透的地區，中國百姓分成了「鄉紳、村民」和「教會、教民」兩個部分，這兩個部分互相對立，各不相讓。傳統村民這一方人數多，占有的田地多（因為大部分鄉紳在他們這一邊），擁有道德優越感，但是教民的背後有外國教會，當雙方發生衝突的時候，占便宜的往往是教民。

這個局面乍看之下，好像雙方各有優勢，實際上，教會對鄉紳統治的破壞是致命的。

在過去，鄉紳是地方衝突的唯一仲裁者，村民們有了衝突，都找鄉紳決定誰對誰錯。現在多了一個護短的教會，哪個村民被鄉紳處罰了，轉頭就加入教會，回過頭就來報復，鄉紳以後還怎麼管理百姓？

鄉紳靠儒家道德來維持統治，鄉紳在處理民間糾紛的時候，雖然也有殺人、杖責、監禁等殘酷的刑罰（比如：偷情女子往往會受到殘酷的折磨），但日常的普通糾紛大都不涉及酷刑，因爲酷刑是法家的手段，儒家講的是「禮」，鄉紳要儘量用「禮」的手段去處罰人。

用「禮」怎麼處罰人呢？就是賠禮道歉。鄉紳在裁判完糾紛後，輸掉的一方除了要賠錢外，還要擺一桌酒席，把各家有頭有臉的人都請來，當眾向贏的一方敬酒、賠禮，贏的一方才算眞正揚眉吐氣。

教會剛開始干涉官司的時候，對村民的要求是賠償物品，最早賠償的是教民禮拜用的蘆席，價格很便宜，老百姓還可以接受，但到了後來，久居中國的傳教士也懂得了中國人最看重「面子」，他們開始要求打敗官司的村民辦酒席宴請教民，甚至有神父要求把酒席開在教堂裡，受罰的人必須跪著爲教民獻上食物，同時還要擊鼓放鞭炮，炫耀教會的權威。

更過分的，是有時被逼道歉的就是鄉紳、族長本人，這種行爲爲鄉紳統治帶來了致命的打擊。

爲什麼呢？

一般的民事糾紛其實很難分出明顯的對與錯，比如：兩個兒子爭奪遺產，互相指責對方不孝，不應該分那麼多，這孝與不孝，分辨起來就太難了。比如：這家指責對方：「你們只給老人家吃素，你們自己偷偷吃肉！」那家就反駁說：「老人家就愛吃素，吃肉不好消化，你連這都不知道，說明你沒照顧過老人！」這家說：「我每個月送糧、送米給老人家，鄰居都看見了！」那家說：「老人家餓不著、凍不著，誰差你那口飯！你每次來都板著臉，不給老人家好臉色！」這家說：「你這死不要臉的，我那是板給你看呢！」……媽呀！這樣吵下去沒完沒了，誰能分辨出誰對誰錯？

老人家留下一百貫錢，給老大一家分六十貫公平，還是分六十一貫更公平？這根本沒有正確答案。如果這件事放到今天，就需要受過專業訓練的律師，經過長時間的取證和法庭辯論，耗費大量的人力來判斷，但這在司法系統幾乎不存在的古代鄉村是怎麼解決的呢？就是找幾個德高望重，最受尊敬的鄉紳、族長，讓這些老人「說句公道話」，因爲這些人平時就是道德模範，就受尊敬，他們下的裁斷能得到大部分鄉民的認同，這時候不服氣的一方只能接受現實了。

也就是說，鄉紳之所以擁有維持地方秩序的能力，是因爲他們在鄉村裡「德高望重」。

但是現在教會逼鄉紳向教民請酒席，甚至是下跪道歉，這不僅是對鄉紳個人的侮辱，更是對鄉紳威望的摧毀，對鄉村道德秩序的破壞。這就好比今天在學校上課的時候，隔壁班老師把你們班的級任導師拉到講臺上，讓導師當著全班的面，向他跪下叫大哥，就算這個隔壁班老師有理，但他這麼一做，你想想，導師以後還怎麼管理全班同學？誰還聽他的話？

所以外國教會的種種做法，對清末鄉村秩序的破壞是毀滅性的，他們澈底摧毀了鄉紳統治鄉村的根基，從此以後，鄉紳沒辦法再維持基層秩序，沒辦法保護那些遵守儒家道德的鄉民了。

這會造成什麼結果？答案在前面已經說過了。

五

在講太平天國的時候說過，當官府、鄉紳沒有能力保護基層百姓的時候，一定會有百姓自發組織起來維持秩序，具體的表現，就是各種民間祕密會社，從嘉慶開始，中國各地陸續出現的白蓮教、天地會、捻軍、哥老會都屬此列。

教會問題也是一樣。當普通百姓受到教民欺負，鄉紳不能保護百姓、官府不能主持公道的時候，老百姓怎麼辦？只能自發組織起來，自己保護自己了，這就是「義和團」的雛形。

早期的義和團，是以民間宗教和民間拳會的形式存在。

直到今天的農村，仍有這樣的現象：誰家的年輕男人多，能打架，誰家在村子裡就不吃虧，反之就會受欺負，說白了，就是「拳頭決定地位」，在沒有冷兵器的古代更是如此。一個莊稼人想要提高自己的社會地位，除了讀書、發財這兩個機率很小的途徑外，最好的辦法就是練拳、能打架，在家鄉，能打架就不受欺負；出門在外，能打架就可以減少被搶劫的機率，尤尤其是在地方政府難以維持社會秩序的年代裡，練拳對於自保就更爲重要。

在古代中國，一到了兵荒馬亂的年代，就會有大量的百姓找人拜師學拳，這些學拳的村民聚集在一起，形成了「拳會」，「拳會」既是學拳的組織，也是百姓的互助組織，當成員受到外人欺負的時候，大家就組織起來反抗。

在清末的山東、河北等地，就有很多這樣的拳會，它們逐漸被稱爲「義和拳」或者「義和團」，它們的成員被稱爲「拳民」或者「團民」。

這就是說，義和團是一種民間自發的拳會組織，它和太平天國不一樣。太平天國是一個組織嚴密的政權，有最高的領導人，有層層機構，一聲令下能夠統一行動；義和團則是以鄉村爲單位的鬆散組織，附近幾個村子合成一股，推舉一個人當「大師兄」，這就是一支義和團隊伍。各個義和團之間有時也會互相聯絡，組織一些大規模的行動，但大都是臨時行爲，大部分時候是鬆散的。

義和團能在山東、河北地區迅速壯大，根本原因在於教會對這個地區的滲透最嚴重，當地鄉紳和地方政府無法維持基層秩序，無法保護沒有入教的百姓。教會的勢力越大，教民對村民的攻擊越嚴重，加入義和團的百姓就越多，義和團就越壯大。

以往，義和團這種民間會社對於朝廷來說肯定屬於非法組織，因爲普通老百姓最大的敵人，往往是強迫他們交稅的政府和鄉紳，但是這一次，義和團和鄉紳的利益大體是一致的，大家的敵人都是教會，所以在一些地區，義和團打出了「扶清滅洋」或者「順清滅洋」的旗號，表示我們不和政府爲敵。也正因爲這個原因，各個「義和拳」組織逐漸改名爲「義和團」，取的是「團練」的「團」，這樣至少表面上我們是政府支持的合法民兵。有不少鄉紳也支持義和團運動，甚至加入義和團。

由於鄉紳不是義和團的敵人，甚至主動爲義和團提供財物，提供道德上的支持，所以義和團的壯大速度，也比過去的民間會社更快。

另外，義和團的壯大還和當時的經濟形勢有關。

我們不難理解：百姓收入越低，加入民間會社的動力就越大，偏偏這些年來，清朝的整體經濟情況一天比一天慘，尤其是甲午戰爭的巨額賠款遠超清廷的承受能力，老百姓的負擔早就被壓榨到了極限。

對於普通百姓來說，更直接的壓力還有外國的經濟入侵。

兩次鴉片戰爭以後，西方商品終於可以暢通無阻地進入中國市場。工業產品的競爭力與自然經濟下的手工產品根本不是同一個等級，外國的棉布售價僅爲中國土布的三分之一，品質卻更高，這樣一來，就有大批的手工業者失業。

到了甲午戰爭後，列強在中國大規模強占土地，駐紮軍隊，爲了能快速運輸物資和軍隊，還大規模修建鐵路，這又造成鐵路沿線大量的船夫、縴夫、車夫、腳夫和客棧店主失業。這些外國商品的進入、鐵路的修建導致大批中國手工業者和交通業者失業，生活水準降低，他們自然會加倍怨恨外國人。

再加上山東、河北地區又出現大規模的自然災害，更加刺激了義和團的發展。

六

義和團另一個吸引百姓的地方，在於它宣稱擁有神力。

我們今天都知道這世界上沒有鬼神、沒有咒語仙術，但這種科學至上觀念是在最近五、六十年裡才普及的，在漫長的中國古代史裡，上到高級知識分子，下到普通百姓，大部分人都以爲鬼神是眞實存在的，所以，宣稱擁有某種神力是中國古代民間會社最有效、最常用的宣傳手段，從當年的黃巾軍一直到太平天國運動，屢見不鮮。

義和團是一種自發的民間組織，它常選擇在農村集會的時候宣傳：在一塊場地上公開練拳，藉此招攬百姓加入。既然目的是招攬人，練拳就有很強的表演性，就像是跑江湖的賣藝賺錢一樣，賺錢多少的關鍵不是功夫本身的眞假，而是表演效果能不能引人矚目，這種表演與其說是武術，不如說更像是雜技和演戲。

在太平天國中非常重要的「神仙附體」，也是義和團最喜歡的表演項目。

既然是面對普通百姓的表演，附體的神仙也就得符合普通百姓的口味，都是些民間戲曲裡最常見、百姓最喜歡的角色，比如：《西遊記》裡的孫悟空、豬八戒、二郎神；《三國演義》裡的關羽、張飛、趙雲；《封神演義》裡的哪吒、姜太公；《水滸傳》裡的武松、魯智深：《八仙過海》中的八仙，甚至還有戲曲裡的黃天霸。附體的過程也充滿了戲曲元素：有人敲鑼打鼓、有人焚香祝禱、附體後的拳民渾身搖搖晃晃，說話咿咿呀呀，動作和語言都如同在唱戲，一旦附體以後，附體者就宣稱自己擁有各種神奇的法力，其中最著名的就是「刀槍不入」。

義和團的「刀槍不入」，其實是賣藝拳師常用的戲法，這種戲法用江湖的術語來說，叫做「半腥半尖」——所謂「腥」，就是障眼法；所謂「尖」，就是眞本事，「半腥半尖」就是有一半是眞功夫，有一半是障眼法的。

在今天的武術、雜技團體裡，仍舊能見到類似「刀槍不入」的硬氣功表演，這是刻苦訓練加上特定技巧才能實現的表演效果。刻苦訓練，指的是表演者經過鍛煉身體增強被擊打部位的肌肉，在被擊打的時候繃住肌肉增加抗擊打的效果。特定技巧，指的是刀砍下去時要垂直於被砍部位，砍人者把刀高高舉起，快速落下，看起來很用力，在接近被砍者的一瞬間要收力。這種一半眞本事，一半靠騙術的技術，表演效果最好。

義和團還增加了新的花樣。

過去所說的「刀槍不入」裡的「刀」和「槍」，指的是冷兵器裡的大刀和長槍，到了義和團這裡，爲了針對外國人，就把「槍」解釋成外國人的洋槍，表示我們義和團不怕洋槍打。

表演的祕訣是把槍裡的金屬子彈換成了不傷人的綠豆，還有一種技術高明的假子彈：用香灰搓成球，外面裹一層鐵砂，從表面看就與眞的金屬子彈一樣，等子彈打出去後，香灰變成一股青煙，不留痕跡，外人不容易看出破綻，挨子彈的人還可以事先在手中藏一顆眞子彈，用手捂熱，等到同伴開槍後，做出空手接子彈的動作，然後當眾出示這枚熱子彈，兩人合作，天衣無縫。

除了「刀槍不入」外，有的義和團還聲稱能治病，只要把他們提供的符紙燒成灰，和水服下就能治百病；又或者打仗受傷出血，一貼義和團的符紙，血就止住了。「免費治病」是民間宗教用來吸引人的一貫把戲，義和團自然也不能免俗。

當然，後來義和團眞與洋人開戰了，這種「刀槍不入」的神話就不攻自破了，但那是個沒有照相機也缺少報紙的時代，老百姓傳播消息還幾乎靠口耳相傳，純樸的百姓不可能親身去檢驗這些，這套說辭堪稱無懈可擊。

義和團在利益上符合普通百姓的需求，在思想上迎合普通百姓的口味，在清政府、鄉紳失去對鄉村統治的同時，義和團也就不可阻止地壯大了。

大哥，你們到底是來幹嘛的？——

義和團運動（下）

義和團在中國鄉村形成了一支足以和教民對抗的力量，導致教民和村民之間的衝突越來越激烈。

「美好的人性來自於美好的制度」，人們平時不作惡，主要是因爲作惡會帶來法律的制裁和良心的譴責，現在，村民和教民互相仇視，都認爲攻擊對方是一件光榮正義的事，政府和鄉紳又失去了維護地方秩序的能力，導致衝突和仇恨不斷升級，最終發展到動刀動槍，互相仇殺的地步。

仇恨的具體來源，首先是教會對教民的偏袒。

教會偏袒教民的行爲本身就是不公平的，而且教會用「幫人打官司」這種很功利的理由吸引人入教，自然很難吸引到眞正虔誠的信徒，不少人是爲了占便宜或者自保入教，他們入教後，其中一些人免不了利用教民的特權去欺負非教民。

比如：在山東省的某個市集上，有個屠夫在賣肉時將一個羊頭掛在攤位上，有教民看見，告訴外國教士，說這是在故意詆毀洋教，因爲「羊」和「洋」同音。結果屠夫被告上公堂，在洋人的壓力下，被判有罪。教民藉著教會的勢力霸占田產、欺壓普通百姓的事更是屢見不鮮。

另一方面，義和團對教會、對外國人的復仇也沒區別。在義和團看來，外國人是「鬼子」，信教的中國人是「二鬼子」，既然都是鬼，那就都該殺。義和團進攻教堂、攻擊教民的時候，往往是無論好人、壞人，只要是和外國沾邊的人一律都殺，房子一律都燒，哪怕是教民家中婦女、兒童，也慘遭毒手。

在愈演愈烈的衝突中，外國人生氣了。

由於很多教民擁有教會提供的步槍，在教民和非教民的武力衝突中，往往是教民占優勢，死傷要比非教民少得多，但是西方傳教士們不管這些是非曲直，一旦出現有教民死傷的教案，傳教士都會報告給本國的駐華公使和記者，內容當然會偏向教民這一方，強調教民多麼溫順、無辜（當然，的確有教民無辜受害的情況），強調行凶者殘暴野蠻。負責調查案件的清方官員雖然會有不同的說法，但是清方官員欺上瞞下的作風由來已久，外國人根本不相信清方的調查結果，他們只信傳教士的陳述。

久而久之，在外國公使團和報刊輿論的印象裡，中國各地都出現了盲目排外的慘案，義和團民野蠻地屠殺傳教士和教民，中國大地已經變成了暴徒的樂園。

當時有很多外國傳教士深入中國鄉村，在衝突中，不時有外國人被害，對外國公使帶來很大的壓力，因爲他們作爲外交官，有義務保護所有在華的本國人。於是外國公使一次次向清政府遞交措辭嚴厲的照會，指責清政府沒有好好維持地方秩序，威脅清政府如果再不能保護傳教士的安全，他們就會採取進一步的措施。

清政府這邊又是什麼反應呢？

清廷高層對義和團基本上分成兩種看法。

第一種主張堅決鎮壓，這是最自然的想法。因爲從白蓮教以來，各類民間會社一直都是朝廷的敵人，而且一些義和團組織眞的打出了反清的口號，還和官軍作戰過，清政府作爲積累了幾千年統治經驗的老牌皇權政府，當然知道其中的危險性。

鎮壓的第二個理由是害怕列強像上次德國強占膠州灣那樣，藉口保護傳教士再次出兵，和近乎於烏合之眾的義和團相比，列強才是最可怕的敵人，清廷最首要的目標是千萬別再與外國人打仗。

但是，清廷也有一些人主張不鎮壓義和團。這些人倒不是認爲義和團眞有神力——古人不傻，前線的官員很容易檢驗「刀槍不入」到底是不是眞的。在清廷高層裡，只有少數不懂實務、喜歡高談闊論的官員才相信義和團的神話。

清廷官員反對打擊義和團的主要理由是：義和團是基層百姓對抗教民的主要力量，如果朝廷鎮壓義和團，義和團都沒有了，那最終所有的百姓都會爲了自保加入教會，咱們大清最後豈不是沒有百姓了？所以這些官員主張利用義和團，只要義和團不對抗朝廷，就應該允許他們活動。

這兩種意見一比較，結果是第一種意見占了上風。原因很簡單：外國公使威脅說，清廷再不控制義和團，外國人就要帶兵干涉，這是迫在眉睫的危險。教會勢力擴張雖然也是滅國亡種的事，但這不是還沒死到臨頭嗎？反正目前教民在全國百姓中還屬於極少數，全國被教會占領那日子還長呢！這事等等再說吧！

當然，清廷也不能不考慮第二種意見，這兩種意見一綜合，最後清廷對義和團的處理方式是半鎮壓式的：朝廷向地方官員頒布的上諭措辭嚴厲，要求全力鎮壓義和團。這一半是眞要求鎮壓，一半也是做給外國公使們看。另一方面，朝廷私下給地方上的壓力不那麼大，有點睜一隻眼閉一隻眼。一些義和團組織被剿滅後，只是把首領處死，其他百姓放回家鄉，而不像當年打擊太平天國那樣，一定要斬盡殺絕。

朝廷的命令是半眞半假，這命令到了地方上，因爲每個地方官的政治立場不同，執行起來也是兩種效果。

直隸總督裕祿就對轄區內的義和團堅決鎮壓，屠殺到底。因爲直隸總督責任重大，負責京畿的安全，義和團在直隸越鬧越大，威脅京師，他當然得把危險儘早撲滅，要是哪天義和團衝進紫禁城，他腦袋就不要了。

山東省是義和團鬧得最厲害的地方，山東巡撫毓賢和他的繼任者袁世凱都是比較能幹的人，他們兩個人都看到了義和團運動的根本原因在於教民欺負百姓，在於官府處理教案不公，因此他們對義和團都採取「剿撫並用」的辦法：只懲治義和團的首領和行動最激進的團民，對於一般的團民，只是驅散回家，不進行處理。

二

然而，無論是殘酷鎮壓還是「剿撫並用」，這兩種辦法都沒有效果。

根本原因在於：教會偏袒教民的問題不解決，老百姓加入義和團的動力就不會消失。

殘酷鎮壓表面上是有效的，因爲義和團還都用著大刀長矛，鎮壓他們的清軍使用的是步槍甚至機槍火炮，在正面戰場可以輕鬆屠殺義和團，但是義和團本身都是老百姓，一旦正面被打敗，就分散回到家中，回到鄉村裡，等到官兵走後再重新組織起來，官兵總不能把老百姓都殺光吧？

「剿撫並用」也是一樣，殺掉首領，驅散團民，看起來恩威並重，給老實百姓一條活路。可是百姓回到家鄉後還是要受到教民奪田奪產的欺壓，等到教民的壓迫大於官府的威脅時，老百姓又會重新組織起來。

這就是說，清朝末年的義和團問題已經超過了清政府的處理能力，並不是哪個官員能力很強，擁有超人的智慧，就可以把這件事解決的。

毓賢和袁世凱都看到了義和團興起的原因是「官府處理不公」，那麼，他們身爲地方大員，用心判案，頂住公使團的外交壓力，就案件本身據理力爭，可不可以解決問題？

這個想法有一點道理。

前面說過，列強雖然在觸及國家利益的時候會毫不猶豫地耍流氓，但是對於平時的小事，多少還是要講點道理，得顧及一下基本的外交規則和本國記者的報導，而且有的外國公使其實很討厭本國的傳教士，因爲那些傳教士信仰狂熱，他們不顧公使的警告，非要深入充滿危險的中國內陸，可是一旦出了事，還要本國公使去搭救，一些公使對此也有怨言。

那麼，如果一個能幹的清朝地方官能在民事案件中頂住壓力，堅持公平斷案，從而讓外國公使也覺得你很「公正」，久而久之，不就可以把義和團運動的源頭消滅掉了嗎？

這是不可能的。

最關鍵的問題是，什麼叫「公正」？

兩家爭執一塊地，甲家認爲自己應該多占一點，乙家也認爲自己應該多占一點，兩邊都有一大堆自以爲是的道理，法官該怎麼判才算是「公正」？關鍵是，人本性自私，大多數人從自己的利益出發，總覺得自己多占多拿、少出力才「公正」，那麼無論官員怎麼斷案，都至少會有一方角色自己吃虧了，覺得這個官員不公正，如果這種認爲法官不公正的情緒越積累越多，那就麻煩了：假如好多人都認爲這個當官的不公正，都不滿，政府在這個地區的統治就會出問題。

我們今天是怎麼解決這個問題的呢？

我們今天如果兩個人之間出現了嚴重的衝突，我們會上法庭。在法庭上，法官不是憑著自己高興隨意斷案，而是根據已有的法律條文斷案，假如有人覺得法官不公正，他可以找上級法院或者其他管道申訴。假如其他人一查閱法律條文，發現那個法官並沒有違反法律，那麼這個人就算再哭天搶地的聲稱法官不公正，他也不會得到別人的認同。

爲什麼？

因爲我們現代社會的人們都認爲，法律是最大的規則，誰遵守法律，誰就是正義的，你不守法你就錯了，怨不得別人。

我的意思是，在一個社會裡，假如要讓被處理雙方都服從判決，都覺得處罰者「公正」，需要具備兩個條件：第一，把所有的規則都事先向大眾公開，並讓大部分人接受；第二，每次處理案件的時候，都嚴格執行規則。

比如：今天的法制社會，是怎麼讓大眾都覺得公正的？首先，透過各種法律普及教育（尤其是中小學義務教育）向大眾公開各種法律條文，解釋這些法律的合理性，然後，用員警、法院、律師這一大堆機構保證嚴格執法。這兩件事都做到了，大眾才能心服口服地接受法律的約束。

在傳統中國的農村裡，這個向大眾公開的規則是儒家道德。每一個中國人從小都受到儒家道德的教育，長大以後犯了錯誤，鄉紳當眾指責，說你這事什麼什麼地方做得不道德，鄉親們一聽是這道理沒錯，這個被指責的人最起碼也得是「口服心不服」了，他沒理可講了。

但現在的問題是，中國官府不僅要讓中國百姓覺得信服，他還得要與外國公使「據理力爭」，得讓外國人表示信服，可是外國人不接受儒家這套規則啊！

在正統的儒家看來，夷狄就是豺狼，外國人就是禽獸，身爲外國人就是原罪，義和團趕殺外國人正是符合儒家道德的正義之舉，這套規則你讓外國人怎麼接受？

那退一步行不行，不講道德了，只講法律，與外國人講「國際法」行不行？外國傳教士有「領事裁判權」，不受清朝法律管轄，但教民還是大清的國民啊！得接受《大清律例》吧？我們就嚴格按照《大清律例》的條文，秉公處理教民和村民的衝突，能不能讓外國公使認爲你「公正」呢？

還是不可能。

前面說的「公正」的兩個條件，第一條「公開規則，讓大眾接受」算是通過了（其實《大清律例》裡很多內容外國人覺得無知野蠻、並不接受）；可是第二條「嚴格執行」還是做不到。

要實現司法公正、公平，就需要法官不能獨斷其事，必須有人監督，而且還不能只受一、兩個人監督，因爲監督人數太少就容易被收買或者要脅，法院必須接受人民大眾的監督。

可是再看看清政府，她做的到嗎？

不怨人家外國人不信任清政府，單看清朝人自己寫的「晚清四大譴責小說」，官場上烏煙瘴氣、玩弄司法的事情太多太多了，這是缺乏監督的必然結果。在這種環境下，就算地方官再努力、再公正，你向外國公使出示的案件調查結果，人家一概不信啊！

也就是說，就算清朝地方官知道了義和團的癥結所在，就算地方官再努力秉公執法，還是不可能解決問題。

於是，教民和義和團的衝突越來越激烈。義和團打殺教民和傳教士的事件越多，外國公使就越憤怒，外國人認為，清政府你們堂堂的正規軍對這麼一群鬧事的普通農民都鎮壓不住，這肯定是故意手下留情啊！而且有些義和團還打出了「扶清滅洋」、「順清滅洋」的旗號，更讓外國公使疑心他們的背後有清政府的扶持。

隨著義和團運動不斷升級，外國公使給清政府的壓力也越來越大，在他們的強烈要求下，清政府不得不撤掉了山東巡撫毓賢，換上了袁世凱。

袁世凱比毓賢更加能幹，義和團不是一被官兵鎮壓，就分散回到鄉間嗎？袁世凱的做法是用部分兵力在交通要道鎮守，避免義和團聚攏，再用機動兵力對付大股義和團，他還要求各地鄉紳保證自己的地盤裡沒有義和團。這招更聰明，因為鄉紳和普通義和團民不一樣，官兵來了，義和團民一跑就行了，鄉紳有身分有田地，跑不了，所以山東的鄉紳都紛紛退出義和團。

這些招數雖然聰明有效，卻還是治標不治本，義和團仍舊不可阻止地壯大起來。

三

山東省是義和團活動最激烈的地區。隨著義和團運動擴大化，以及袁世凱對義和團的鎮壓，一部分山東的義和團民跑到了隔壁的河北地區，也就是當時的「直隸省」。

義和團是個根植於鄉村的民間會社。前面曾經說過，清朝的普通百姓不愛國，只愛自己的家鄉，那些由農民組成的義和團大都只想保護本地家園，只想在沒有教會欺凌的情況下安心生產，沒有動力遠赴他鄉，因此，從山東流動到直隸的義和團民主要不是農民，而是從事運輸業的百姓。

就像農村有自治的鄉紳、民間會社一樣，在古代中國沿著大運河、主幹道上從事交通行業的百姓，也有自己的組織，這就是漕幫、鹽梟、馬賊之類的民間幫會。由於第二次鴉片戰爭後，列強可以在中國內河裡行駛輪船，後來又大規模修建鐵路，這些運輸業者大量失業，他們把失業歸因到外國人的入侵，因此仇視鐵路、蒸汽船乃至一切外國事務，他們也就成了義和團中的積極分子。

這些人和由普通農民組成的義和團不太相同。

運輸業者平時不扎根在土地上，他們時常跨省跨市，所以不留戀故土，在山東和在直隸進行運動對他們沒有太大區別，他們可以到處遊走，本來就有自己的幫會，因此更容易形成大股的隊伍；普通農民還有自己的土地，還希望能回到土地上生產。

運輸業者因爲已經失業，他們無依無靠，在運動中有更大的經濟索求，對教民和外國人的攻擊和搶劫也就更激烈。

總而言之，這些從山東來的義和團到了直隸後，帶動起當地百姓，直隸地區的義和團就鬧起來了。直隸總督裕祿擔負著保護京師安全的重任，對義和團堅決鎮壓，毫不留情。可是屠殺也無法阻止團民和教民之間的衝突不斷激化，不久以後，直隸就鬧出了一件大事。

這事還要從第二次鴉片戰爭那時候說起。

在距離北京直線距離七十多公里的淶水縣有個小村子，第二次鴉片戰爭後，村子裡有六個村民參加了民間會社。那時正鬧太平天國，清政府對民間結社極爲警惕。村長閻老福就向官府舉報了這六個人，因爲當時清政府已經承認了《天津條約》，允許傳教士在內地傳教，所以這六個人聽到消息後立刻加入了教會，官府也就拿他們沒轍了。隨後在教會的保護下，這個村子裡教民的聲勢越來越強。

這樣就過了三十年，到了義和團運動的時候。

中國傳統農村有個傳統：在過節的時候大家湊錢搭臺唱戲。另外，中國農村還有一種

「請神」的習俗，就是到了某個節日，把廟中的神像打扮打扮，請出來遊行、祭祀一番後再送回去。

淶水縣這個村子的「請神」習俗，就是把神像請到村子的戲臺前，請眾神來聽戲。結果鬧義和團的前一年，這個村子把戲臺搭在了一名教民家的門口。基督教最忌諱異教的神像，現在村民要把神像放到教民的家門口聽戲，教民認爲這是極大的侮辱，於是教民大鬧起來，推翻了神壇，和村民發生了衝突。

積蓄已久的村民、教民之間的衝突爆發了，混亂中，村民洗劫了當地的教堂，事情鬧大了，外國傳教士便出來干涉此事。在傳教士的壓力下，當地官府判定村長閻老福是罪魁禍首，賠償教民二百五十兩銀子，還要宴請教民和神父，並當眾向他們磕頭。對於閻老福這樣有身分的鄉紳來說，這是很難接受的懲罰，但他最後還是屈服了，於是在很短的時間內，一下子又有二十多戶人家入教。

到了第二年，義和團運動發展到河北地區，閻老福看到了報復的機會。他從周圍地區請來義和團，準備對本村的教民下手。這時，直隸總督正嚴厲打擊義和團，看到義和團聚集，縣令立刻帶了四名衙役來調查，結果見到義和團人多勢眾，只能撤退。當晚，義和團開始對教民動手，他們燒毀了教堂和教民的家，殺死了一些教民。

在北京的各國公使一聽說有教民被殺，情緒十分激動，他們稱其爲「淶水大屠殺」，集體向清廷提交照會，要求嚴查拳會。

其實清廷的反應比列強還激動，附近總兵立刻調來軍隊鎮壓義和團。裝備精良的清軍數次獲勝，殺死和俘虜了不少團民。然而，隨後又有成百上千的義和團又聚集起來，在一次伏擊中，一名清軍中級將領被打死。幾天後，義和團甚至占領了涿州城，爲了防止清軍調兵，義和團還破壞了附近的鐵路。

這個事件讓清廷十分震驚，因爲這是義和團第一次占領城市和打死清軍將領。這意味著義和團已經擁有了和朝廷公開對抗的實力，而且不是遠在廣西、雲南，它就在京城的眼皮底下！

清廷立刻加大了對直隸地區義和團的清剿力道，負責京師治安的九門提督公布了禁止拳會活動的十條規定，其中包括禁止印刷、張貼義和團的傳單，禁止一切義和團活動，如果發現有人參加義和團，鄰居同坐，措施非常嚴厲。

但這是這些措施並不能讓外國公使們感到放心。

四

各國公使倒不是擔心他們自己被義和團攻擊，因爲當時大批義和團尚未進入北京，距離北京最近的義和團足有一百餘里，而且只有數千人。北京城有極爲堅固、高大的城牆，只有大刀、長矛的義和團民不可能攻入北京城。北京城裡只有零星的一小部分團民，進行的只是練拳、宣傳之類的和平活動，沒有和外國人產生衝突，更何況清廷還在嚴厲打擊義和團運動，義和團對外國人的威脅就更不可能了。

眞正讓各國公使擔心的，是一種傳聞。

從義和團運動興起之初，各國公使就對清政府鎭壓義和團的效率不滿，因爲他們只偏聽各國傳教士的一面之詞，不了解義和團運動的眞正原因是教會欺壓民眾，而是認爲義和團的興起是出於無知野蠻的排外情緒。外國人認爲，裝備了新式武器的清政府對付大刀、長矛的義和團應該綽綽有餘，義和團愈戰愈勇的背後一定有清政府的放縱甚至是支持。清廷雖然接連不斷地頒布鎭壓義和團的上諭，但是外國列強對一慣說話不算數的清廷早就失去了信任，認爲這些都是清政府敷衍外國人的伎倆。

淶水事件後，該地區的傳教士對公使團大聲疾呼，堅稱這場教案背後有清廷操縱，甚至認爲清廷在整個義和團運動的背後，還隱藏著一個全面屠殺外國人的大陰謀。這個說法太過離奇，沒法讓全體公使都相信，但是它免不了讓人嘀咕——萬一這是眞的呢？而且各地的確不斷傳來義和團殺外國人、殺中國教民的消息。清政府之中，也的確存在要殺光外國人的強硬派，清政府過去在對外關係上也的確有不講信譽的時候，這些都讓外國公使無法排除「清政府在背後扶植義和團」的可能性。

更讓各國公使擔心的是清政府垮臺。自從甲午戰敗後，清政府的統治一天比一天弱，列強早就開始擔心清政府哪天一沒撐住就滅亡了，所以在戊戌變法的時候，列強大多支持光緒，希望清廷能變法自強，能多統治幾年。可是在戊戌變法後，慈禧取消一切新政，中國看不到改革的希望，這讓列強對清廷的未來愈來愈擔心。

義和團運動擴大到直隸地區後，列強們擔心這會不會就是清廷垮臺的前兆——普通老百姓鬧事都鬧到朝廷的家門口了呀！鬧成這樣都鎭壓不下去，萬一亂局不斷擴大，大清國這不就完了嗎？

一旦清廷垮臺，外國人就要面臨兩個嚴重的問題。

第一，到時候社會秩序肯定一片混亂，不會再有清兵來保護使館，那時人數眾多的義和團民對北京的外國公使、傳教士就是巨大的威脅，而且駐紮在北京的清軍中還有一些部隊

（如：董福祥的「甘軍」）特別仇視外國人，到時候恐怕也會攻打使館。

第二，更重要的，清廷一旦垮臺，各國的在華利益就會重新洗牌，哪個國家能搶先找到自己的在華代理人，搶先扶植他成爲中國新的統治者，哪個國家就能獲得最大的利益。

爲此，各國公使開始考慮是否要派兵進入北京。

各國公使剛開始討論這事的時候，北京的形勢並不緊張——義和團離北京城還遠著呢！所以並不是所有的公使都覺得有派兵的必要。但是法國公使特別激動，因爲「淶水事件」裡被攻擊的就是法國的教會。法國公使聽從法國傳教士偏激的申訴，要求立刻派遣一支軍隊進入北京，保護住在使館區的公使們。

對於其他列強來說，法國要是派兵進入北京，這事就複雜，這意味著一旦清政府垮臺，法國在中國會獲得絕對的優勢，其他各國不願意讓法國搶先，一看法國公使執意要派兵，也都紛紛決定跟著法國一起派兵。

士兵的來源倒是容易，當時由於義和團運動鬧得太大，各國爲了向清政府施壓，已經在大沽口外集結了一支艦隊。這支名義上用來保護使館的衛隊直接就從軍艦上抽調，隨時都能從大沽口登陸。

六

在正式派兵之前，各國公使當然先得向清政府說一聲，要不然就成侵略了，可是各國公使那意思也就是通知你清政府一聲，也沒打算清政府會拒絕——我們就硬進來了，你也不能怎麼樣嘛！

慈禧聽到這個消息後大受刺激，因爲使館區緊挨著北京皇城，距離紫禁城的直線距離只有六、七百公尺，外國人在使館區架起大炮都可以直接打到紫禁城裡，列強派軍隊進入使館區，就等於把槍口頂在了老佛爺的腦門上。

關鍵在於：列強爲什麼要派兵來？

從慈禧這邊看來，列強要派兵「保衛使館免受義和團攻擊」絕對是個藉口，因爲就像前面說的，義和團現在對北京不構成威脅嘛！

那就奇怪了，列強爲什麼派兵呢？

上一次使館衛隊進京是在戊戌政變後，列強用使館衛隊威懾慈禧，要求慈禧不要廢掉光緒皇帝，這一次也就不難讓慈禧胡亂聯想：這群外國人是不是又要來干涉我的內政？

慈禧最擔心的，是列強準備扶植光緒。

自從戊戌政變後，慈禧一直沒有停止廢掉光緒的念頭，因爲國內外還有很多像康有爲一樣仇視慈禧、主張保皇變法的人，他們把光緒看成是維新的希望，有光緒在，這些人在法理上就站得住腳，慈禧一不留神就可能被他們翻盤，更關鍵的，是光緒比慈禧年輕，將來不出意外，慈禧肯定會死在光緒的前面，那樣光緒就會重新執政，慈禧之前的一切政治成績都會一筆勾銷，甚至連歷史評價都難保，這不是白奮鬥一輩子嗎？

因爲這些原因，當年戊戌政變後，慈禧就謀劃尋找新的皇帝，結果在國、內外的壓力下作罷。一年多後，也就是到了鬧義和團這年，慈禧又想到一個迂迴間接的辦法：她先爲光緒立一個皇儲，然後再慢慢找機會廢掉，或者弄死光緒。

找來找去，慈禧看上了端郡王③的兒子，選擇他，是因爲他是慈禧兄弟的外孫，和慈禧有血緣上的關係。在當時的環境下，地方漢人督撫和外國列強都反對廢光緒，所以對外不敢公開稱立皇儲，只說立爲「大阿哥」。

列強派使館衛隊進京這事，距離清廷立「大阿哥」還不到半年，難免讓慈禧懷疑這兩件事之間有關係。

③ 本書裡的「端郡王」指的是載漪。

退一步說，這次列強就算不是來保護光緒的，那八成也是像膠州灣事件那樣要索取更多的利益，反正它肯定不是好事。

總之慈禧判斷外國士兵進京對她威脅極大，現在最緊迫的事還不是義和團，而是要阻止外國士兵進京。

慈禧立刻下了幾個命令，首先，派出清軍加強對使館區的保護，又頒布上諭要求嚴厲鎮壓義和團，這意思很明白：你列強不是擔心使館被攻擊嗎？我們加強使館區的護衛了，也鎮壓義和團了，那您是不是就不用派兵啦！

可是各國公使派衛隊的第一個原因是擔心清政府是義和團的幕後黑手，清政府派的衛兵越多各國公使就越緊張；第二個原因是為了在清政府垮臺後搶得先機，這自然和清軍保護使館沒有關係，所以各國公使不為所動，部隊照派。

慈禧見軟的不行，又要來硬的。她指示直隸總督裕祿阻止外國士兵進京，可是裕祿表示不敢——列強一起進兵，這眞要打起來，哪打得過呀！

兩招都不管用，清廷無奈之下只能同意各國衛隊進京，但是要求每個國家的衛隊都不能超過三十人，但列強不理這個要求，最後除了日本外，每個國家都超過這個人數。於是就在清廷忙著鎮壓義和團的同時，英、法、俄、美、義、日六國官兵三百五十六人在大沽口登陸，隨後乘坐火車進入北京，幾天後又有法國和奧匈帝國官兵九十三人赴京，這四百四十九人，再加上使館區裡原先就有的外國護衛，一共五百多名官兵都駐紮在緊鄰紫禁城的使館區裡，向慈禧的喉嚨裡塞了一塊大石頭。

慈禧在整個義和團事件結束後，回憶這段歷史時曾說：「我本來是執定不同洋人撕破臉的，中間一段時間，因洋人欺負得太狠了，也不免有些動氣。」這話是慈禧為自己決策失誤所說的辯解之詞，不可全信，但不妨據此猜測，或許慈禧在義和團事件中，眞有一段時間對列強的行為十分動怒，也許慈禧指的就是各國使館衛隊進京這件事。

七

慈禧對列強的不滿由來已久。

最早是在戊戌政變後，慈禧最恨的康有為和梁啟超在英、日兩國的幫助下逃跑，後來列強又不允許慈禧殺掉光緒，這兩件事都觸動了慈禧的根本利益，讓她對列強憤恨不已。

義和團的首要敵人是外國人而不是大清。就在使館衛隊進入北京不久，就在裕祿不敢抵抗列強的時候，在保定附近發生了義和團襲擊外國軍隊事件。一隊俄國哥薩克騎兵被派去保護外國人，大量飲酒後在農民家裡休息，沒有派崗哨站崗，結果被義和團襲擊，一名軍官被殺，另一名軍官被割了鼻子。

站在清廷的角度想想，外面那些義和團打著「扶清滅洋」的旗號，那麼積極地揍外國人，清廷還在義和團後面鎮壓，好意思嗎？

從義和團運動剛開始鬧起來的時候，清廷內部就有人主張把義和團的力量納爲己用。所謂「變拳爲團」，就是把非法的民間會社變成官方承認的團練，鼓吹這事最積極的是「大阿哥」的爸爸端郡王，另外還有剛毅等幾個人，他們都是高高在上的滿洲貴族，喜歡空談，動不動就說義和團神力無敵，認爲義和團一上戰場肯定能打趴外國人。

稍微務實點的官員都反對這種說法，在第一線戰鬥的裕祿就告訴朝廷，義和團根本沒有神力，戰鬥力也弱，不可能打敗洋人；袁世凱則認爲義和團是一批亂黨，不僅攻擊外國人，也會犯上作亂，不能用；地方上那些洋務派的漢人督撫，如：李鴻章、張之洞等人也是類似的觀點。

可是，列強衛兵強行進京這件事強烈刺激了慈禧。

衛兵進京後，慈禧對於「變拳爲團」的建議處於非常遲疑的境地，一方面，她很懷疑義和團的戰鬥力，但另一方面，她用了各種辦法阻攔外國軍隊進京都沒成功，反倒是義和團在前線拚命抗擊外國人，她這邊還在剿滅義和團，這不是自毀長城嗎？

在遲疑中，慈禧決定派支持義和團的剛毅出城「巡視」拳民，實際上是考察義和團到底有沒有神力。

剛毅巡視拳民對外界是一個信號，那些善於揣測上意的大臣們，立刻意識到朝廷對義和團的立場有了轉機。直隸地區的清軍對義和團的鎮壓逐漸減弱乃至停止，雙方處於一種互不侵犯的曖昧狀態。

當時負責把守北京城門的八旗親貴大多支持義和團，趁著朝廷對義和團立場曖昧的機會，他們故意放寬門禁，放義和團入城。於是在此期間，大批義和團民進入北京，在北京城內公開活動，官方不加干涉。

隨著義和團人數的增多，義和團的行動越來越大膽，北京城內的氣氛逐漸緊張起來。義和團到處宣傳，說天兵天將就要下凡，到時候所有的教堂都會被夷爲平地。因爲害怕被認爲是教民，北京城內的百姓開始按照拳民的要求磕頭、禮拜，也有很多百姓加入了義和團，城裡鐵匠鋪生意也變得十分興隆，大刀、長矛的價格成倍增長。

此時，北京城內的義和團還沒有和外國人發生任何衝突，但是清廷態度的曖昧和義和團的盛氣凌人，讓全城籠罩在一股緊張的氣氛中，人們預感到將要發生大事，只是不知道什麼時候，以什麼形式發生。

據說一天有人在大街上大喊一聲：「來了！」店鋪老闆便以爲是洋人或者劫匪要來，紛紛關門謝客。某天午後，有一個頑皮的少年大喊一聲：「潑水！」，附近居民不知道原因，都紛紛向大街上潑水。

北京城氣氛的緊張，刺激外國公使開始了更大的動作。

日本公使下次吃飯時請記著戴手套——

八國聯軍入侵（上）

一

有一個損八國聯軍的相聲，說鬧八國聯軍那年，清廷官員請八國公使吃晚飯，吃的是中國的傳統名菜：蒸熊掌。

各國公使都圍著桌子坐好了，每個人面前擺著一副筷子、一個小碗。一揭開面前的碗一看，每個碗裡有一個饅頭。爲什麼放個饅頭呢？因爲蒸熊掌這道菜又是油又是蜂蜜，特別黏，用筷子吃的時候，吃著吃著，兩根筷子就黏在一起了，所以每個人面前有一個饅頭，用來抹筷子用，說白了，那饅頭就像抹布。

外國公使們哪懂得這個啊！就只有日本公使明白：「各位別慌，我見過這個東西，這個叫做『點心』！」說著拿起饅頭三口兩口吃了。其他七國公使都讚嘆，不愧都是亞洲人，人家就是了解，那咱們也都吃了吧！於是大家乾淨俐落，把面前的饅頭都吃了。

請客的清朝官員一看就傻了，總不能告訴各位公使，您剛才吃的是抹布吧！沒辦法，只要叫人把碗和筷子都撤了，咱們不能再用筷子了，咱們改用西式吃法，改用刀叉吧！

於是刀叉擺上來，主菜蒸熊掌也端到桌子中央。揭開蓋，各位公使一看：這熊掌晶瑩剔透，香氣撲鼻，口水立刻流了下來，就等著請客的清朝官員宣布開動。結果呢！這清朝官員特別囉嗦，舉著酒杯，祝福各國友誼長存什麼亂七八糟說了一大堆，就是不開飯，各國公使很著急，一個個眼睛都離不開那熊掌了。

就在這個時候，突然從屋外吹來一陣大風，把屋裡的蠟燭都吹滅了，一時間伸手不見五指。黑暗中，聽到日本公使一聲慘叫，清朝官員趕緊叫人把蠟燭點上，點亮了一看——日本公使的手裡抓著一個熊掌，手背上插著七把刀子。

這段相聲當然是編出來嘲笑外國人，不是眞事，但是這個故事很生動地說明了鬧義和團的時候，各個列強在派兵問題上的處境：中國就是那塊熊掌，要麼大家都不搶，誰都不吃虧；一旦有人下手搶了，其他人立刻一起跟進，誰不跟進，誰就吃虧了。

德國上次強占膠州灣，就相當於有人去搶熊掌了，他一搶，立刻引來了一波瓜分狂潮，中國被占去了不少土地。之所以這波狂潮後來停了下來，是因爲各國開始擔心再這麼瓜分下去，清政府要垮臺，到時候大家已經得到的利益全都要泡湯，這麼互相警告著，這股瓜分狂潮才逐漸停下來。

現在情況又變了，已經不是「防止大清垮臺」，而是到了「要是大清垮臺，咱們該怎麼辦」的時候了。列強使館現在有五百多人，這些人打打義和團綽綽有餘，但眞要到了大清進入無政府狀態的時候，這些兵用來扶植新政府就遠遠不夠用了，所以早在北京義和團人數增多之前，各國公使就謀劃著進一步增兵，這樣一來，現在又回到了那個搶熊掌的不穩定狀態：那麼多國家中，只要有一個國家決定要增兵，就會出現連鎖反應，逼得其他國家一起動手。

這次最先動手的是俄國。

俄國與中國接壤，對於在華利益最為積極。俄國的思路是：既然現在列強對中國進行軍事干涉已經不可避免，那我們不如先下手為強，力求先獲得軍事優勢，而且俄國還有便利條件：它之前已經占領了旅順，這次直接從旅順的軍事基地調來大軍進入北京，那是近水樓臺先得月，等其他列強反應過來，咱們已經先控制形勢啦！

這段時間裡，各個列強都已經是蓄勢待發的狀態，聽到俄國正在編組對華遠征軍的消息，各國馬上行動起來，一致通過了增兵北京的決定。此時義和團還沒有和北京城內的外國人發生直接衝突，但是增兵的名義還是要「保護使館」——當然不能直接說我們就是來瓜分中國的嘛！

這種藉口別說瞞不過慈禧，連自己人都覺得說不通。英國的維多利亞女王就很不理解，她對英國首相說，如果咱們的外交官在中國有危險，應當把公使立即召回才對呀！首相的回答是：如果召回英國公使，北京就可能成為俄國人的天下。

各國都想搶在旅順俄國人之前。

就在剛毅巡視拳民僅僅四天後，停泊在大沽口外的各國艦隊就匆忙成立了一支由八個國家，一千多人組成的聯軍（後來增加到兩千人左右），由英國海軍的西摩爾上將率領，攜帶大炮等重型武器從天津出發，開往北京。

西摩爾聯軍出發的消息對慈禧來說無異於一記重錘。慈禧一聽，這邊義和團碰都沒碰你，五百多枝（門）洋槍、洋炮就擱我們皇宮門口，我還沒說什麼呢！沒過兩天又來一千多枝（門），這事絕對不正常啊！你們肯定是想圖謀點什麼啊！

所以慈禧立刻電令直隸總督裕祿全力阻擋西摩爾聯軍，可是上次四百多人裕祿就不敢擋，這次一千多人更不敢攔了。西摩爾聯軍帶著許多大炮、輜重，行動不便，計畫從天津坐火車去北京。裕祿就對西摩爾聯軍說，前面的鐵路已經被義和團破壞了，勸他們不要前進。結果聯軍早想到這一點，隨軍帶了修理工人和修理工具，沒理會裕祿，直接坐火車就走了。

就在西摩爾軍開向北京的同一天，總理衙門的人事出現了重大變更：「大阿哥」的爸爸端郡王成了總理衙門的領班大臣，他同時帶領三個新大臣進入總理衙門，這幾個人都主張強硬對待外國人，尤其是端郡王，他極端排外，主張與外國人交談不要用平等的「照會」，而是要回到第一次鴉片戰爭之前的狀態，向外國人居高臨下發詔書、敕令。

這個人事變更是個重要的訊號，說明慈禧開始選擇強硬的對外政策。

與此同時，清政府還切斷了北京的電報通訊，不允許從北京向外發電報，這是爲了避免北京城內的外國公使裡應外合，和西摩爾聯軍互相聯絡。

結果，形勢開始朝著慈禧意想不到的方向發展。

二

西摩爾這個人，算是中國人的「老朋友」了，四十年前爆發第二次鴉片戰爭的時候，西摩爾只有十七歲，他的叔叔是侵華英軍的艦隊司令，當時西摩爾跟著他叔叔在軍艦上服役，結果仗打到一半的時候，西摩爾突然病倒了，因此錯過了很多戰役。

作爲一名軍人，最大的願望是在戰爭中建功立業，西摩爾因爲生病，錯過了跟隨英、法聯軍在中國大地上耀武揚威的機會，這成了他的一大遺憾。事隔四十年，西摩爾帶領八國軍隊重回中國大地，他自然特別「珍惜」這次機會，他求戰欲望強烈，一心要立個大功。

西摩爾聯軍原本計畫從天津坐火車到北京，結果登陸以後，裕祿就告訴他們：天津和北京之間的鐵路線都被義和團破壞了。

聽到這個消息，部隊裡有些人開始猶豫了，因爲這支部隊是從各國軍艦中拼湊出來的，成員大都是水兵，他們只擅長在固定的掩體裡射擊，不擅長遠距離步行，而且他們還攜帶著大量的輜重、武器，尤其是爲了攻克厚重的北京城牆，還攜帶了笨重的大炮，這麼一支隊伍，沒有火車是萬難前進，有些國家的軍人一聽說前面的鐵路被破壞，就對進軍有點猶豫。

可是，英國之所以要倉促派出西摩爾聯軍，是爲了搶在旅順的俄國人前面。當時已經傳來俄國軍隊開拔的消息，英國國內命令西摩爾必須立刻進軍，於是西摩爾不顧其他人反對，率領以英軍爲主的第一梯隊先登上了火車。其他國家一看，不能讓英軍搶先啊！只能隨後跟上，這支軍隊就這麼匆匆忙忙出發了。

走了沒多遠，聯軍發現鐵路果然中斷，好在咱們帶著修路工具，那就停下來修吧！就在這個時候，義和團展開了對聯軍的進攻。

因爲相信自己不會死，義和團作戰極爲英勇，團民經常冒著槍林彈雨無所畏懼地衝鋒，但是他們的裝備仍舊以大刀、長矛爲主，這種打法如果放在第一次鴉片戰爭的前膛槍時代，說不定還有一線勝機，但此時已經臨近一戰，已經是陸軍普遍裝備馬克沁機關槍的時代，冷兵器一方就算人數再多，面對重機槍的勝算也是零。

在聯軍的炮火面前，義和團死傷慘重，戰果卻不大。

但是西摩爾聯軍也不好過，因爲聯軍遠遠低估了鐵路被損毀的程度，他們每走一會都要停下來修鐵路，修路的時候還要提防義和團的騷擾。爲了防止義和團占領已經走過的車站，聯軍還要分出一部分士兵把守。

聯軍一開始以爲只需要坐一兩天火車就能輕鬆到達北京，現在面對他們的卻是接連數天的修路和戰鬥，士氣開始低落。尤其是義和團經常選擇在夜晚進攻，還常在外國士兵落單的時候偷襲，這爲聯軍帶來了很大的心理壓力。

好不容易走到一半，到了廊坊的時候，聯軍發現前方鐵路的損毀情況太嚴重了，不僅枕木被焚燒，義和團還把大量石塊堆積在原來的鐵軌上，等於現在不是修鐵路的事了，想恢復交通得重新鋪一條鐵路。聯軍意識到繼續修路已經不可能，而且這天夜裡，五名義大利水兵在站崗時玩牌，又被義和團民剁成了碎塊。

在沉重壓力之下，聯軍的精神已經快要承受不住，更崩潰的是他們之前鋪好的鐵路又被義和團拆毀了，而且義和團還拆掉了沿途的電報線，因此聯軍也沒法向北京使館或者大沽口的聯軍軍艦傳遞消息。

也就是說，此時西摩爾聯軍前進、後退都不可能，對外也失去聯絡，澈底困在廊坊了。鐵路修不好，此時進軍唯一的辦法，就是放棄火車，靠步行走到北京。可是這支聯軍以水兵為主，如果放棄火車，就意味著放棄現成的防禦工事，放棄大炮等重武器，背負著傷患去面對如潮水一般的義和團民，就算一路幸運地沒被殲滅，打到了北京，可是沒有重炮，如何攻陷厚重的城牆？

補給也出現了問題，因為一開始估計只需要兩三天的時間就可以到北京，後面又有鐵路可以源源不斷運送補給，所以聯軍攜帶的食物和飲水只夠幾天使用。結果因為長時間困在半路上，食、水很快就沒有了，飢餓還可以忍受，乾渴最難忍，雖然每三名士兵有一個可以用來過濾水的小型木炭濾水器，但過濾出的那點水遠遠不能滿足需要，軍人們不得不從充滿了人畜屍體的小溪中喝水。

西摩爾又試圖弄幾條船用來運輸，沿著河北上，結果又受到清軍的猛烈阻擊。最後，西摩爾聯軍只能選擇緩慢退回到天津。

這就是說，西摩爾聯軍在出發前預計兩三天能到達北京，結果在十幾天的時間裡，陷在北京和天津之間進退不能，而且這個時候北京和天津之間的電報已經中斷，京、津之間又到處都是義和團和清軍，外國人的信使也無法通過，因此在北京的外國公使團和在大沽口的列強艦隊眼裡，他們看到的是西摩爾聯軍就這麼消失在地圖上了，無法聯絡，死活不知。

這個情形，讓兩邊的外國人都做出了錯誤的判斷。

三

先說在西摩爾聯軍進軍的時候，北京發生了什麼。聽到西摩爾聯軍進軍的消息，清廷的政策開始轉向支持義和團，對義和團的鎮壓逐漸停止，義和團的活動也逐漸公開、合法化。

從此，義和團運動越來越激烈，北京的形勢變得更加緊張。義和團已經公開在北京城裡進行暴力活動，他們不僅燒毀教堂、殺掉教民，還到處搜查市民，百姓家裡只要擁有外國器物，就有可能被殺死，甚至僅僅搜出了洋燈、洋瓷杯，「見即怒不可遏，必毀而後快。於是閒遊市中，見有售洋貨者，或緊衣窄袖者，或物仿洋式，或上有洋字，皆毀物殺人。」北京各家百姓開始往外面倒煤油、扔洋燈，生怕和外國事物扯上關係。賣外國商品的商店原本叫「洋貨鋪」，店主為了避禍，用紅紙將「洋」字糊上，改寫一「廣」字，改成「廣貨鋪」。天津的人力車來自外國，原本稱為「洋車」，如今都改名叫「太平車」，車夫用紅紙寫上「太平車」三個字貼在車尾，免得惹麻煩，甚至連王公大臣也開始請拳民到府中練拳、當保鏢。一位翰林官員向慈禧提出，在京的外國人在四面被圍的情況下，有可能衝進紫禁城捕獲皇室成員作為人質，慈禧立刻下令加強了紫禁城的防務。

慈禧一方面扶植義和團、積極備戰，另一方面還沒有放棄最後的外交努力，她還抱著一絲希望：萬一能用和平手段讓外國人退兵，那該有多好？

西摩爾聯軍開始進軍後，清廷仍舊派遣溫和派向公使團游說，希望公使們能阻止西摩爾軍進城，但都被公使們拒絕。

這期間還出現了一次外交糾紛。

西摩爾聯軍出發後，在北京的各國公使聽到這個消息都很興奮，他們掐指一算，從天津坐火車到北京只需一兩天的時間就夠了，咱們列強洋槍、洋炮，一路還不是勢如破竹就到了？於是有幾個外國公使想要出城迎接王師。其中有一個日本參贊杉山彬，他受日本公使的命令，來到北京城外的車站等候西摩爾聯軍，可是這個時候西摩爾聯軍還在半路上慢慢修鐵路呢！日本參贊等了半天沒等到人，只能打道回府。就在日本參贊等人的這段時間裡，慈禧太后為了阻擋西摩爾聯軍，剛剛派了最仇恨外國人的董福祥的甘軍駐守在北京城外。日本參贊的馬車在回去的路上遭到了甘軍的盤查，日本參贊不肯讓路，甘軍士兵大怒，將日本參贊從車中拖出，將其殺害並且碎屍。

這時，清廷還沒有放棄最後的外交努力，聽說日本參贊被殺，榮祿立刻親自到日使館道歉，表示這都是匪徒做的，清廷一定會嚴懲凶手、賠禮道歉。日本雖然同為列強，但日本人也是黃種人，在當時西方各國都歧視黃種人的氛圍下，日本在列強中的地位最低，行事也最低調。因此榮祿道歉以後，其他列強的反應並不強烈，日本也比較克制，沒有立刻採取報復措施。

總而言之，此時清廷還在努力緩和與各國之間的關係，努力為和平解決危機留下最後一絲機會。

但是外國公使卻得寸進尺了。

當時駐紮在使館區的外國官兵只有五百多人，當北京城裡的義和團越來越活躍的時候，外國人覺得自己的軍事力量太弱，都儘量躲在使館區裡，避免和義和團發生衝突，哪怕後來義和團在北京城內公開活動，這些外國人也沒敢露面，都躲起來看著，等到西摩爾進軍的消息傳來後，北京的外國人以為兩天後西摩爾軍就能進城，馬上就會有大軍趕來為他們撐腰，於是他們對義和團愈來愈不客氣，最終釀成了激烈衝突。

根據相藍欣先生的考證，最早的衝突是德國人挑起的。

在西摩爾聯軍出發後的第三天中午，德國公使克林德在使館附近散步，看到三個義和團民坐著大車路過，其中一個人用鞋底磨刀，德國公使大怒，舉起手杖追打他們，有兩個人逃脫，第三個人被德國衛兵抓住。德國公使下令痛毆這名拳民，把他綁在樹上，然後通知總理衙門，將在兩個小時內處決他。總理衙門立刻派包括端郡王的弟弟在內的高官交涉，說這個拳民並沒有犯錯，要求德國公使放人，可是德國公使拒絕放人，說這都怨清政府，因爲清政府沒有採取任何有效措施剿滅義和團。

德國公使抓人的消息傳了出去，使館區附近逐漸聚集了數百民眾，民眾們焚燒了哈德門大街的教堂，於是衝突爆發，使館衛隊對附近民眾無差別地瘋狂掃射，甚至見到人影就立即開槍。

由此開始，北京大亂，義和團和普通百姓開始更加激烈地焚燒教堂、屠殺教民，任何和外國人有關的建築都成了攻擊目標，包括賣洋貨的商店、西藥店、醫院，甚至連清政府的海關都被付之一炬。

使館衛兵和普通的外國公民開始主動衝出使館區，在北京城內公開捕殺義和團，展開所謂「獵取拳民行動」。這場行動名義上是去拯救那些被義和團捕殺的中國教民，也的確救出不少無辜的百姓，把他們收留在使館區裡，但在行動中，也有很多外國人對中國百姓隨意開槍、胡亂屠殺。

有一次，德國公使克林德在城牆上看到有拳民在城牆下練拳，立刻命令衛隊放槍，二十多名拳民被打死。還有一次，一支由美國、英國和日本士兵組成的隊伍包圍了一座廟，衝進去殺死了五十名拳民。克林德還把住在使館區附近的大學士徐桐堵在家裡，準備隨時捉拿作爲人質，英國公使勸說這樣會過於刺激清廷，克林德才釋放徐桐。

義和團的行動也不斷升級，他們在北京城內公開焚燒教民的房屋、殺害教民，清政府並不阻止。有一次，義和團準備焚燒位於北京商業區「大柵欄」的老德記西藥房。在焚燒前，義和團的「大師兄」做了法事，向附近的商家保證，大火只會燒毀洋人的房子，不會殃及中國人的房子，因此禁止附近民眾用水救火。

結果大火燒起來後火勢失控，燒到了附近的民房，藥房隔壁的「廣德樓」裡有人出來潑水救火。義和團就說，這個救火的人潑的是汙水，惹怒了神仙、破了法術，因此才讓火勢蔓延，這個可憐人當場被扔進火中燒死，但這並不能阻擋大火。

最終大火燒了三天，約一千家民宅和大批商鋪被焚燒，也殃及翰林院藏書閣，無數珍貴圖書被燒毀，其中包括當時僅存的一部《永樂大典》。這部巨著收錄了很多我們今天已經看不到的古籍文獻，這把大火一燒，無數珍貴的經典著作、歷史真相也都隨之泯滅了。

翰林院距離使館區很近，公使團爲了防止大火燒到使館區而主動放火，燒毀公使館附近的房屋。這場大火還一度燒向紫禁城，慈禧甚至懷疑有人在背後玩陰謀。結果大火燒到宮門附近時，突然風向大變，沒有燒到紫禁城，很多人因此更加相信義和團的神術。

總之，北京城現在是一片大亂，外國人亂打亂殺，義和團也是亂打亂殺。

面對這場混亂，清廷內部產生了爭論。

仇洋派主張趁機利用義和團除掉外國人，溫和派認爲就算殺光使館區所有的外國人，也不可能讓外國人退兵。

就慈禧而言，她的最大目標是讓西摩爾聯軍退兵，因此就算到了這個時候，她還是不願意徹底和外國人翻臉。慈禧一方面下令把義和團民招募成軍隊，遣散年老體弱的拳民，嚴加管束，進行戰爭準備；一面派榮祿帶兵保護使館，又派兩名大臣出城去勸說西摩爾聯軍退兵。

但是公使團已經對清廷失去了信任，他們拒絕了榮祿的保護，那兩名大臣出城後，則被義和團扣留、謾罵，最後只能返回北京（當然，就算去了也沒用）。

至此，清廷所有的和平努力都告失敗。

與此同時，慈禧接到了一個讓她震驚的消息。

四

因為電報線被破壞，在西摩爾聯軍困在京、津中間的這些天裡，停泊在大沽口外的聯軍艦隊一直都不知道京、津地區發生了什麼，他們原本也以為西摩爾聯軍只需要一到兩天就能到達北京。按說大軍一進入北京，就應該立刻發來消息啊！可是這麼多天過去了，無論是北京的公使團還是聯軍，半點消息都沒有傳出來，聯軍艦隊有理由懷疑，西摩爾這兩千多人可能已經喪命，甚至連在北京的公使團都有可能遭到屠殺。

聯軍艦隊的任務之一是保護本國的在華公民，現在情況超級異常，必須要採取進一步行動。於是在經過國內同意後，聯軍艦隊決定再派遣一支更大規模的軍隊。

要再派遣軍隊，就要經過防守嚴密的大沽口炮臺。

當然，中國海岸線很長，從其他地方登陸也沒有問題，可是之前電報中斷、西摩爾聯軍失去聯絡這一系列變故，預示著清廷可能已經對外國人開戰，就算沒開戰，聯軍也需要擔心清廷萬一突然開打該怎麼辦——因為在外國人這邊一直盛行「清廷是義和團背後主謀」的陰謀論嘛！假如聯軍沒有占領大沽口炮臺，那麼一旦開戰，在京、津之間的聯軍部隊就可能受到北京和大沽口炮臺兩個方向的進攻，再加上這時聯軍又接到了清軍正在朝大沽口炮臺增援的消息，出於軍事上的考慮，聯軍決定搶先占領大沽口炮臺。

問題是，此時清軍還沒有攻擊外國人，聯軍攻打大沽口炮臺，這是不宣而戰的侵略行爲。爲了替開戰找一個理由，聯軍藉口清軍試圖用魚雷艇布水雷封鎖白河口，向清方遞交了一份最後通牒，要求清軍立刻交出大沽口炮臺，否則就要開戰。這個理由其實根本不成立，我在自己國家封鎖內河關外國屁事？而且聯軍根本沒有給清軍準備時間，清方幾乎是在接到最後通牒的同時，就遭到了聯軍的猛烈進攻。

一天以後，大沽口炮臺就淪陷了。

北京和天津之間的電報線雖然被切斷了，但清軍還有「八百里加急」的快馬來傳遞消息。大沽口炮臺的上級，直隸總督裕祿再次展現了清軍一貫瞞報的「優良傳統」——聯軍向大沽口炮臺進攻的當天，裕祿只告訴朝廷最後通牒的事，並沒有告訴朝廷「聯軍已經進攻」的消息。

慈禧在接到「最後通牒」的消息後，極爲震驚。在她看來，列強接二連三地帶兵進京，拒絕一切和談，這是要把她逼到絕路，假如這次戰事再次升級，聯軍公然進攻大沽口炮臺，那也就意味著最後的和平機會也沒有了，只剩下和外國開戰這一條路。

接下來的幾天，慈禧連續不斷召開御前會議，在會議上，她已經下了和外國人開戰的決心。

據說在一次御前會議上，有大臣指出拳民的法術不可靠。慈禧回答說：「法術不足恃，豈人心亦不足恃乎？今日中國積弱已極，所仗者人心耳。若並人心而失之，何以立國？」

她這話說得很有道理，歷經甲午戰爭和瓜分狂潮後，清廷是經濟不行、打仗不行，清廷還剩下什麼呢？也就剩下這「扶清滅洋」的「人心」，假如一味鎮壓義和團，傷了人心，那清廷還能依靠什麼呢？

另外，慈禧對列強開戰可能還和一件舊事有關。

在西方列強中，義大利是最弱的一個，和德國類似，義大利統一的時間也很晚，是個後崛起的西方國家，而且義大利就算在統一後也很弱，曾經被人數只有義軍一半的奧地利軍隊擊敗，為了躋身於歐洲強國之間，義大利和德國一樣，也拚命在世界各地尋找殖民地，首選目標是距離歐洲較近的非洲。

就在甲午戰爭失敗的第二年，義大利一萬七千名士兵被十幾萬部分裝備了現代化武器的衣索比亞軍隊包圍，結果義大利軍隊被澈底殲滅，四千多人死亡，八千人受傷，這是西方殖民史上從未有過的慘敗，戰後西方列強相繼與衣索比亞建立外交關係，衣索比亞成了非洲各國的英雄，義大利則成了笑柄。

在非洲受到挫折後，義大利只好把擴張的目光轉向了亞洲。當時正值瓜分狂潮，義大利認為這是渾水摸魚的好機會，也打算找中國要個港口，然而義大利公使對中國內情一點都不了解。那時正好發生戊戌政變，慈禧大肆清洗維新黨，義大利公使天真地以為，這是清政府最虛弱的時候，正好趁火打劫。然而恰恰相反，由於列強維護光緒帝，這時正是慈禧太后對列強最惱怒的時候，義大利直接撞到了槍口上。

就在慈禧政變半年後，義大利公使自認為時機已經成熟，正式向清政府索要浙江省的三門灣，為了配合勒索，義大利還專門派出艦隊到中國沿海示威。之前義大利在中國已經有一艘軍艦鎮場，這次為了顯示武力，義大利一咬牙，又向中國派出……三艘戰艦！

有了這四艘軍艦撐腰，義大利公使十分有自信，認為清政府不可能拒絕他的要求。結果總理衙門不僅將義大利的照會退回，而且照會根本沒拆封，這在外交上是羞辱對方的意思。

義大利政府一聽這消息氣瘋了。當時義大利正承受著被衣索比亞擊敗的恥辱，對內、對外都急於找回面子，義大利的高級官員們嚷嚷著立刻對華開戰，要求向清政府遞交最後通牒，外交大臣甚至提出要對清政府退回照會的行為索要賠款。

呃……再說一遍，是對「清政府退回照會」這個行為索要賠款……想錢想瘋了吧！

這個時候，英國公使出面調停，指責總理衙門原樣退回義大利照會的行為不可容忍。總理衙門不怕義大利，但是不敢得罪英國人，只能回覆說我們沒那意思，算是給了義大利一個臺階下。義大利也知道自己沒有實力開打，一看有英國調停，也就順水推舟不打了。

結果這時候還出現一個外交事故，義大利公使在同一天收到本國外交部的兩封電報：第一封電報要求他立刻向清政府提交最後通牒，第二封電報要求提交最後通牒一事暫緩。結果義大利公使忙中出錯，把兩份電報的時間弄混了，他以爲最後的命令是提交通牒，於是就以十分傲慢的態度把最後通牒交給總理衙門。他這個最後通牒一提交，各個列強立刻表示反對，義大利政府一開始還不知道這事呢！還與各國裝傻說我們沒打算打仗啊！結果最後發現是自己人鬧了烏龍，只能尷尬地把最後通牒撤回，連著把駐華公使也撤回到國內。

這場「三門灣」事件在清政府看來，是一次空前的外交勝利。頭一次，清政府只靠強硬拒絕就對西方國家獲得了完全的勝利，沒有付出任何代價。

其實，這次成功還是有很大的偶然因素。一則在於義大利最弱，二則在於西方列強也沒人支持義大利索要中國領土——各強國瓜分還來不及，誰也不肯讓最弱的義大利占便宜。但是這次外交勝利在一定程度上增加了清廷強硬派的自信，成了慈禧最後決定與列強開戰的原因之一。

另外，西摩爾聯軍在京、津之間受挫也可能增強了慈禧的信心——你看，光靠義和團的進攻就可以阻擋列強的軍隊，要是清朝的正規部隊和義和團聯合起來，勝負還未可知呢！

因爲以上這些原因，在聯軍占領大沽炮臺的第三天，慈禧下定決心，在朝廷內部做出對列強開戰的決定。她對外宣布，聯軍索要大沽炮臺的行爲已經等於向清朝宣戰（因爲裕祿的瞞報，此時慈禧還不知道聯軍已經對大沽口炮臺開戰），因此清政府要在二十四小時之內將所有外國人驅逐出京，未來二十四小時一過，清方不再負責在京外國人的安全。

五

當天下午五點，清政府的最後通牒交給了在華的外國公使團，這下公使團亂成一場糊塗，之前他們還做著西摩爾聯軍神兵天降的美夢，結果神兵苦等不來，等來的卻是清廷的翻臉，公使團展開了激烈的爭吵。

有的人認爲留下只能等死，必須撤退——咱們這五百多人怎麼能打得過清政府的正規軍？但是，公使們又對撤退時，清廷提供的衛隊不信任，萬一清廷衛隊不好好出力，咱們撤退到半路上遭到義和團的襲擊，豈不是死得更慘？西摩爾聯軍的兩千人都打不進來，那這五百多人的衛隊還要護送大批的文職人員、婦女兒童，這一路的安全更不可能有保證，再說了，萬一這要是一個陷阱，要是清政府的衛隊突然轉身襲擊咱們，那又該怎麼辦？

公使團最大的希望，是勸說清政府允許西摩爾聯軍進入北京，護送他們出京，但顯然這是不可能的，因爲阻止西摩爾進京恰好就是慈禧的首要目標。

還有一些外國人認爲在使館區據守更安全一點，可是因爲對外通訊已經切斷，公使團僅僅從清廷的照會中知道列強艦隊對大沽口炮臺下了最後通牒，還不知道聯軍是否已經占領大沽炮臺。假如聯軍已經占領大沽炮臺，那麼公使團憑藉著五百多衛兵，只要堅守一兩週的時間，就能得到聯軍的支援；可是假如聯軍沒有發動進攻，或者大沽炮臺遲遲沒被占領，公使團的堅守就變成自取滅亡了。

總之，留下也很危險，撤退也很危險，公使們商量了半天也沒一個結果，荷蘭公使甚至在會上哭了起來。

最後，公使團決定回覆照會給總理衙門，就說答應離開北京，但是因爲要準備行李和交通工具，需要延長一段時間。實際上這是一個緩兵之計，公使團希望能再等幾天，或許還有更多的消息，或許西摩爾軍就能到來。另外，公使團還要求第二天和總理衙門直接會面，討論中國衛隊的細節，這有助於判斷清政府到底是不是想眞誠護送。

公使團把這份照會發給了總理衙門，期待著清方的回覆。

但是外國公使收到照會已經是傍晚五點了，等他們商量完後再回覆照會給總理衙門，總理衙門已經下班了。按說總理衙門每天二十四小時都有人值班，可是總理衙門總領清廷一切對外事務，他們對清廷高層的決策一清二楚，之前幾次的御前會議上，慈禧已經決定要開戰，所以總理衙門的大臣們都忙著趕在開戰前把自己的家人、財產轉移到北京城外，因此這天晚上連負責值班的官員都不在，只有一個做不了主的小官值班，所以總理衙門這天就沒有回覆公使團的照會。

可是外國公使們不知道這些，他們從晚上一直眼巴巴地等到第二天早上九點，還是沒有等到總理衙門的回覆。最後通牒的期限一共只有二十四小時，這半天多過去了，公使團裡很多人都沉不住氣了，有些人認爲這是清政府在故意拖延時間，說不定清廷早就下定決心屠殺外國人了，根本沒打算給外國人撤離的機會。

德國公使克林德（就是那個挑起和義和團衝突的傢伙）最沉不住氣，他不顧其他公使的勸說，堅持要親自去總理衙門理論，他希望其他公使能與他一起去抗議，但是沒人願意。克林德一看只能自己去，爲了避免節外生枝，他沒有帶德國衛兵，只帶了一名德國翻譯和兩名騎馬的中國侍從。結果走到距離總理衙門不遠的東單牌樓，克林德被一名中國士兵開槍打死，德國翻譯大腿中了一槍，掙扎著逃到了美國教會的傳教點求救，然後暈了過去。

按照相藍欣先生的考證，克林德之死不是有意的謀殺，只是一場偶然的衝突，而且是克林德先開槍，但是德國翻譯醒來後，言之鑿鑿地說凶手是清朝士兵，而且這是一場有預謀的刺殺。公使團聽到這個消息後大爲震驚，既然清政府敢公開謀殺外國公使，那就說明清廷沒打算讓外國人安全離開，一定會在半路上謀殺他們，所以大家也不用遲疑了，唯一的活路只剩下拒絕清政府的最後通牒，武力保衛使館區了。

這一天是清政府最後通牒到期的日子，也是在這一天裡，朝廷終於收到了裕祿的報告。裕祿報告說聯軍已經進攻大沽炮臺，但是他隱瞞了炮臺已經被攻陷的事實——或許他不想讓慈禧覺得大沽炮臺只守了一天就被攻陷。下午四點，最後通牒到期，清軍立即朝使館區開火。

第二天，慈禧發布上諭，歷數列強如何欺人太甚，號召全國軍民同仇敵愾，和列強一決雌雄。這個上諭後來被很多歷史學家當成是慈禧的「對外宣戰詔書」，甚至替這份文件取了一個名字，叫《對萬國宣戰詔書》，說慈禧狂妄至極，向世界各國宣戰。

實際上，這份文件是一個發給內閣看的「上諭」，並不是對外的詔書，也不是交給外國人的照會，沒有在當時公開張貼，也沒有交到外國人的手裡，上諭裡只說列強如何欺負人，沒有提到任何外國的國名，也沒有任何關於宣戰的詞語，更沒有「向英吉利宣戰、向法蘭西宣戰」之類的話，所以，這個上諭其實不是對外宣戰的詔書，只是一個對內要求政府各部門統一思想、一致對外的動員令，因此也就不能說慈禧主動向萬國宣戰。

按照國際法，在這次戰爭裡，列強和清政府其實都沒有正式宣戰，以聯軍在大沽口的行徑來看，實際是聯軍對大清不宣而戰。

一百道菜和一碗小米粥——

八國聯軍入侵（下）

清政府和八國聯軍之間的戰爭，其實只涉及中國很小的一部分，主要發生在直隸省以及周邊的一小部分地區，清軍參戰的部隊，也只限於北方數省的軍隊，而不是全國參戰。

這不是一場全國戰爭。

中國南方的漢人督撫，如：李鴻章和張之洞，他們熟悉洋務，相信科學，自然不信義和團的神力。他們常年接觸外國人，深知與列強開戰的後果，因此都反對清廷利用義和團與列強開戰。列強也知道這一點，英國的主要利益在長江沿岸，在開戰前，英國主動聯絡南方各省的督撫，要求萬一開戰了雙方還能保持和平，南方各省也欣然同意。

後來慈禧頒布上諭，要求全國同仇敵愾對抗列強，李鴻章、張之洞等人拒絕承認這份上諭，李鴻章甚至聲稱這是「亂命」。他們和各國達成協定，他們統治的省分保護各國的使館不受義和團的進攻，同時外國不派軍隊進入這些地區。

山東的袁世凱雖然和直隸近在咫尺，也堅決反對開戰。他藉口英、德兩國對山東虎視眈眈，回絕了慈禧北上參戰的命令，也避免了在山東與列強發生衝突。因爲這些拒絕參戰的省分分布在中國的東部和南部，因此這起事件被稱爲「東南互保」。

東南互保是清朝洋務派的理性選擇。

從惡意的角度講，可以理解成是這些省分督撫的自保行爲；從善意的角度講，這些督撫是在國家必輸的情況下，盡最大可能減少國家的損失。東南互保，可以減少戰爭帶來的經濟損失，避免這些省分被外國侵占，降低這些地區被瓜分的風險，萬一北京陷落，還可以把慈禧太后或者光緒皇帝轉移到南方，有了轉圜的餘地。

歷史的實際進程也證明了，東南互保比不互保對清廷的好處更大。戰後，東南各省在清廷恢復運轉上出了很大的力氣，說明這些人還是在爲朝廷著想而非私欲。慈禧也明白這一點，因此在戰後並沒有懲治這些督撫（雖然地方督撫權力膨脹，但戰後的慈禧仍舊有能力調動他們，貶斥一些人還是辦得到），相反地，慈禧還重用了不少人。

回來再說和八國聯軍的戰爭。

因爲「東南互保」，和八國聯軍交戰的主要是直隸地區的清軍，這些清軍也不傻，打仗時，他們驅使義和團衝在最前面——你們不是自稱有神力嗎？當然有危險你們先上啦！萬一神力不管用，去消耗外國人的彈藥也是好的嘛！

大部分義和團眾並不膽怯，因爲他們都相信「大師兄」們的宣傳。

前面說過，義和團的神力是用來吸引人的，所以本質上是一種表演，既然是表演，那就要講究出奇制勝，講究不斷創新，戲班子也總得換曲目呀！老是一個花樣誰還看。

所以義和團「師兄」們自稱的神力經常推陳出新，遠不止「刀槍不入」。

他們有人聲稱自己可以在睡覺的時候靈魂出竅，去查看洋人的陣地；又說只要掏出一把銅錢朝洋人一扔，或者用高粱稈朝洋人一指，洋人的腦袋就會落地；又說玉皇大帝已經派神兵下凡，南天門已開，天兵天將到，都歸義和團首領統帥；又說開戰後天兵天將就會下凡，到時洋人的槍炮都會失靈；又說義和團的成員每人帶著一個裝米的小袋子，每次只吃數粒米，就不會飢餓；又說義和團員吃饅頭的時候，一個饅頭不吃完，剩下一小部分放進懷裡，過一陣子拿出來又是完整的一個饅頭。

洋人增兵也不可怕，洋人增兵必然要坐船，到時候只要「大師兄」向海中唸咒，用手一指，洋人的兵船就不能移動，在海中自焚。

後來眞正打仗的時候，又有義和團領袖在公開做法後，拿出一包螺絲釘，聲稱是從洋人火炮上拆下來的。

天津義和團在衝向外國陣地時，義和團領袖發給拳民一人一根高粱稈，告訴他們到了陣前，這些高粱稈就會變成眞槍。當時還盛傳義和團中的女性組織「紅燈照」可以在天上飛行，放火燒洋人的房屋。有個女孩離家數天，回家後父母問她去哪了？她回答說：「我去了俄國，用法術燒了他們的京城。」父母也信了。

其實，大部分義和團領袖也知道自己說的是騙人的鬼話，因爲在實戰中，很多「大師兄」都沒有衝到第一線，但是大部分普通團民都信了，他們眞以爲自己能「刀槍不入」，舉著大刀長矛朝敵人的炮火衝鋒，有的人身中數槍還堅持著不倒下。

但是，再多的鬼話、再英勇的血肉之軀也敵不過機槍和火炮的掃射。團民們紛紛倒下，「大師兄」們只能不斷解釋爲什麼法術會失靈，其中的一種解釋，是外國人會利用陰險的辦法破壞義和團的功法。

如在一次作戰失利後，義和團解釋說，這是因爲外國人的隊伍中有赤身裸體的婦人出沒，破壞了義和團的法術。又盛傳外國人的大炮上全都坐著裸體的女性，因此破了義和團的「避炮之法」。這既符合「女性的陰氣會破壞功法」的設定，又符合「外國人不知羞恥，男女混雜亂交」的想像。（讓人忍不住吐槽的是，既然功法這麼容易破，又有什麼用呢？）

義和團又說，主持防禦外國主教是個活了兩百歲、擁有極大法力的「鬼王」，驅使其他「鬼卒」與義和團作戰。戰爭中火焰焚燒的黑煙，被說成是洋人布的「黑沙陣」，施展該法的洋人法力無邊，已有八百餘歲；又說洋人用死人骨頭布陣，稱爲「死骨陣」，該陣法最難攻破。

「大師兄」們的解釋不過是動動嘴皮子，卻難爲了老百姓。爲了防止婦女的「汙穢」讓法術失靈，天津的義和團禁止婦女上街，在戰爭最激烈的時候，有些婦女想要逃離天津，她們按照義和團的要求穿上紅色的衣服，以免被義和團所殺，結果見到她們的外國士兵因此認爲她們屬於「紅燈照」而開槍射殺。

有了「大師兄」們這些巧妙的解釋，雖然前線的義和團被大批屠殺，後方的老百姓還在盛傳義和團的種種神術，說義和團的大師兄只靠作揖就可以在一瞬間接近洋兵，隨意砍殺；又說只要作揖，或者在手掌上寫字，外國人的房子就能燃燒；又說洋人埋的地雷都被義和團破了，全都化成黑水；又說某洋樓上大炮的螺絲釘全都失蹤，「洋人皆守炮而哭」。

義和團的眞正實力不堪一擊，清政府的正規軍也是一樣。

清軍自從甲午戰爭後就一直沒有恢復過來，在和八國聯軍的戰鬥中，犯的還是和甲午戰爭一樣的毛病：雖然武器先進，但是訓練、指揮和管理還都是舊式軍隊的樣子（袁世凱的小站軍是新式軍隊，但是大部隊被袁世凱帶到了山東，只在天津留下了三千人）。京畿地區的清軍總數是八國聯軍的數倍，可是沒有建立統一的指揮部，沒有制定統一的作戰計畫，各部清軍自行其是、行動混亂，很快就被以日軍爲主力的八國聯軍擊潰。

開戰一個多月後，有一天北京城裡突然槍炮聲大作，老百姓盛傳清軍借來了西洋的

「回回兵」，正在紮營演練大炮。不久人們發現，原來是八國聯軍已經攻入了北京城，所謂的「西洋回回兵」，其實是英國人手下那些用布包頭的印度士兵。

八國聯軍攻入北京後，最高興的是被包圍在使館區的外國人。從慈禧下令進攻使館區開始，這群外國人已經在包圍中據守了近兩個月。

圍攻使館區的是清軍的正規部隊，義和團只參與了很少的戰鬥（清廷對外宣稱圍攻使館的是義和團，爲的是替將來議和留個退路）。然而，擁有絕對優勢的清軍在一個月多的時間裡，並沒能攻破外國軍隊的防線，對列強衛隊造成的損失也不大，爲何會這樣？史學界到現在還爭論不休。有人認爲就是清軍戰鬥力太弱；有人認爲是慈禧故意放水，只想把外國人當成阻攔八國聯軍的談判籌碼，而不是眞的想殺光他們；也有人認爲是負責進攻的榮祿私自放水，因爲他一直反對向列強開戰。

總之，在八國聯軍攻入北京城後，這些外國人的情況整體來說還算不錯。在北京的外國人被分割成兩個部分，其中使館區的情況比較好，有四百多人防守，兵力較強，傷亡較少；只是生活在這裡的中國教民比較慘，他們要面臨飢餓和疾病的威脅。由於食物有限，外國人只能先顧著自己吃，教民中只有願意幹重活的男人才能得到一點食物，其他中國人除非生了病，否則都沒有吃的，只能自己想辦法。另一處被包圍的西庫什教堂更慘一些，歐洲人包括平民在內只有七十一人，他們的守衛比使館區更少、面對的炮火更猛烈，還同樣有食物嚴重不足的情況。被圍攻期間，西庫什教堂一共四百多人死亡，大部分是中國教民，主要死於疾病和飢餓。

整個公使團裡，唯一受傷的是荷蘭公使（就是在接到清廷的最後通牒時，在會議上哭的那位）。在整個戰鬥中，他一直躲在英國使館的地窖裡不肯出來。八國聯軍攻入北京後，他從地窖裡出來查看聯軍是否到達，結果被一顆流彈打中大腿，因爲他是公使中唯一受傷的，回到荷蘭後，他成了國家的英雄。

至於義和團，在八國聯軍攻入北京的當天，非北京籍的義和團連夜逃出北京城；北京籍的義和團則脫下服飾、扔掉武器，回到自己的家中。一夜之間，整個北京城的義和團消失得乾乾淨淨。

事後，殘留的義和團中還有人振振有詞地說：「滅洋人本不難。」這次失敗，是因爲不虔誠的人太多，得罪了神仙，而且「時候尚未到」，「待時候一到，洋人自然絕滅矣」；還說：「不信義和拳之人，老師皆知之，待事定之後，一一查拿。」

輸人不輸陣，仗是沒打贏，嘴上可不能敗！

二

慈禧因爲能接觸到最高等級的情報，她對局勢的發展比其他人更清楚，在八國聯軍入城之前幾天，她就知道這場戰爭必敗，開始和大臣們商議逃跑的事。就在八國聯軍入城的十幾個小時之前，她還做了一件不可告人的事：謀殺珍妃。

珍妃是光緒皇帝最喜歡的妃子，但光緒的皇后不是珍妃，而是隆裕，因爲皇后是誰，這事光緒說了不算。

光緒是慈禧最重要的政治籌碼，從決定讓光緒繼位開始，慈禧就謀劃著如何在光緒親政後繼續維持權力，把光緒的皇后安排成自己人是必不可少的一步。

慈禧太后選擇隆裕，是因爲隆裕是慈禧弟弟的女兒，也就是慈禧的親姪女，等於說她是慈禧的本家人，但有個小問題是：隆裕長得太難看了。網路上有幾張隆裕的照片，可以搜尋看看，順便再搜搜同時代的珍妃、婉容、王敏彤、孟小冬等人的照片，一比就發現了，我們說隆裕長得不好看，這不是化妝或者拍攝技術或者時代審美的問題，她是眞不好看，而且隆裕的歲數還比光緒大兩歲半。

光緒挑選皇后那天，在皇宮裡召見包括隆裕在內的五名備選女子。

光緒面前有個長桌，桌子上有一柄如意，四個荷包，光緒想選誰爲皇后，就把那柄如意給她；選誰爲嬪妃，就把荷包給她。

光緒也是男人啊！看女性的第一印象也是看長相，這麼一個不太好看的隆裕，他當然不喜歡了，於是光緒一上來拿著如意走向另外一名女子，剛要把如意遞給她，就聽到旁邊的慈禧大聲叫「皇帝」，光緒楞了一下，見到慈禧示意才明白，不得已把如意給了後來的隆裕皇后。隨後慈禧叫身邊的宮女把兩個荷包遞給了另外兩名女子，就是後來的瑾妃和珍妃，而皇帝最早看上的那名女子則落選回家，嫁給了一個普通的世家子弟。

也就是說，隆裕不是光緒看上的女子，是慈禧硬塞給光緒，而且隆裕的脾氣還不太好。

隆裕父母的品行都不怎麼樣，隆裕的父親——也就是慈禧的弟弟，胸無點墨，好吃懶做，最大的愛好是抽鴉片，每天煙不離手，毒癮極大；隆裕的母親爲人蠻橫無理。慈禧他們家出身不高，慈禧的父親是中層官員，和滿朝的王公貴族相比，是個排不上號的小戶人家。慈禧發跡以後，隆裕的母親一方面仗著有慈禧撐腰橫行霸道，一方面總覺得別人瞧不起她。

話說隆裕有個妹妹嫁給一位王爺，婚後小倆口打架，隆裕的妹妹受了委屈找母親告狀，把兩口子閨房裡的氣話一五一十報告了。你說兩口子打架，那位又是養尊處優的王爺，氣頭上肯定什麼話都說，免不了有些過火的話，這種閨房裡的私話自然不能當眞，但隆裕的母親把這些話全都告訴了慈禧。

慈禧爲了娘家面子，就把這事鬧大了，把王公貴族都找來，要把這位王爺以大逆不道罪處死。經過其他王爺苦勸，最後改成杖責一百，交宗人府永遠圈禁——就是終身監禁。「宗人府」是專門處理皇家宗室事務的機構，宗人府杖責的都是皇親國戚，向來都不敢眞打，都是做做樣子就算了。結果杖責的時候，隆裕的媽媽專門派人監督，逼著行刑的人眞打。打完了，人家全家都去京西的墓地裡終身監禁了，隆裕的妹妹呢？那個時代又不能離婚，只能帶回家住著，等於守了活寡。

隆裕有這麼樣的父母，在宮裡又有慈禧撐腰，行事也就頗爲霸道，也不懂得遷就光緒。所以光緒不可能喜歡這個姑奶奶一樣的隆裕，他平時與隆裕不親近、不講話，用現代的話說，叫「冷暴力」；隆裕呢！她仗著背後有慈禧也是趾高氣昂慣了，用現代的話說，叫「公主病」，一看光緒不理她，她也不喜歡光緒，兩個人除了在慈禧面前做做樣子外，平時就像仇敵一樣。

珍妃就不同了，珍妃比光緒小了五歲半，也比隆裕好看得多，網路上也能搜尋到珍妃的照片，以今天的審美觀來看，臉有點胖（瓜子臉是最近幾年才流行的審美觀），但不醜，更關鍵的，是珍妃性格好，人家小倆口談得來啊！

光緒十分寵幸珍妃，處理政務的時候常叫珍妃陪伴，珍妃也不是省油的燈。后妃干政原本就是皇家最敏感的事，尤其慈禧還是靠干政上臺的，對后妃干政最爲敏感。可是珍妃非常熱衷和光緒談論國事，甚至藉機進言，左右光緒的決定，珍妃的兄弟還趁機在外面賣官換錢。

慈禧的未來全寄託在光緒的身上，她怎麼能容得下這麼一個野心勃勃的珍妃？所以慈禧很早就對珍妃不滿。

早在甲午戰爭的時候，慈禧就杖責過珍妃，珍妃被打得「牙關緊閉，人事不省」、「吐痰帶有黑血」，並將珍妃降爲貴人，還處死了珍妃親信的太監。

到了戊戌政變的時候，慈禧太后和光緒反目成仇，干政的珍妃也跟著受了懲罰。慈禧用酷刑審訊伺候光緒、珍妃的太監，四名太監被打死。後來光緒被軟禁在瀛臺，珍妃則被關到紫禁城的冷宮裡。

所謂「冷宮」，類似於今天的關禁閉，就是把珍妃一個人關在一處宮殿裡，從外面鎖上門，只有一扇窗可以打開，一日三餐和洗臉水都從窗戶裡遞進去，一天倒兩次馬桶。珍妃吃的是下人粗食，沒有人伺候她，也不許她和任何人交談，只有兩個慈禧親信的老太監輪流監視。逢年過節的時候，這兩個老太監還要在午飯時代表慈禧訓斥她，珍妃必須跪在地上聽，聽完了要磕頭謝恩。這種整日悶坐在屋中，極端枯燥孤寂的生活不要說是對一個習慣養尊處優的妃子，就是對於普通人也是極大的折磨。

但就算這樣，慈禧還是不打算放過她。

八國聯軍是在夜裡攻入北京城，當時慈禧沒想到北京會這麼快淪陷，白天的時候還保持著平時的作息。這天的下午，慈禧睡醒午覺後，沒有叫任何宮女跟隨，獨自一個人來到紫禁城的「頤和軒」。趕走了頤和軒裡所有的宮女、太監，叫了個最親近的太監把珍妃從冷宮裡帶到頤和軒，以「洋人要打進城來，你萬一受辱，就丟盡了皇家的臉」為由，讓太監把珍妃推到了井裡。據說珍妃當時對慈禧的詰問應對如流，她先是對慈禧說：「您願意跑您就自己跑，您可以讓皇上留在北京主持大局啊！」當慈禧下毒手的時候，珍妃又大叫著要見皇帝，一看死到臨頭，最後只能大喊：「皇上，來世再報恩啦！」

從慈禧的角度講，珍妃的確得殺。珍妃在苦寒孤寂冷宮裡被關了三年，普通人早就精神失常了，最起碼也是意志崩潰，見了老佛爺只知道磕頭求饒，結果珍妃被放出來後，在慈禧的淫威面前還能應答自如，一句「您可以避一避，讓皇上坐鎮北京，維持大局」，一下子就戳到了慈禧的弱點——慈禧干政本來就是非法的，現在你怕了，你跑，正經的皇上未必願意跑呀！你行你來，你不行你走，讓皇帝來呀！可是「列強支持光緒上臺」恰恰是慈禧最害怕的事，這臉直接打腫了。

被禁閉三年還能如此應對，可見珍妃的確不是普通的人物。在這首都淪喪的混亂年月裡，誰也不知道將來政局如何變化，萬一列強把慈禧下臺當成議和條件怎麼辦？萬一慈禧半路上出點意外怎麼辦？只要慈禧出點問題，按照法理就是光緒繼位，只要光緒繼位，珍妃就得放出來，將來說不定就是個小慈禧。當年慈禧已經極端羞辱過珍妃，等到了珍妃上臺的時候，慈禧還能有好日子？前面說過，獨裁者的政治鬥爭就是「大逃殺」，不是你死就是我死，所以慈禧殺珍妃這事看起來好像是在意氣用事，其實處心積慮，是經過謹慎考慮的唯一選擇。

三

殺了珍妃的那天晚上，八國聯軍就攻入北京城了。

慈禧並沒有料到八國聯軍如此之快，而且晚上聯軍入城時，還沒有人第一時間通知慈禧，結果慈禧還比普通的北京市民晚知道。

從那天凌晨三、四點鐘開始，慈禧的寢宮裡就聽到了槍聲。慈禧和宮女們都沒有聽過槍聲，一開始還以為是貓叫。慈禧事後回憶說，她當時正在梳妝，「正疑心哪裡有許多的貓兒」，突然有個東西從窗戶飛進來落到地上，撿起來一看，赫然是子彈，才知道外國人已打進來了④。

慈禧連忙叫光緒，當時光緒正在祭祀，一聽外國人到了也慌了。慈禧之前已經為化妝出逃做了一點準備，太監李蓮英匆忙拿出一包漢人衣服，慈禧和光緒全都改成了漢人的打扮，慈禧變成個漢人老太太，光緒變成個做買賣的小夥計。

明朝的貴族有留長指甲的習慣，以此來表示自己不用勞動，炫耀地位，清朝貴族也繼承了這個習慣。慈禧特別喜歡自己一手的長指甲，每天堅持用熱水浸泡、修整、塗指甲油，要花很多時間來保持指甲的光澤，現在要扮演漢人平民，這保養了多年的長指甲也不能留了，只能讓宮女狠心剪掉。

更麻煩的是交通工具，要化妝出逃就不能用宮裡的車，必須到宮外找，可是內廷還沒

④此說見《庚子西狩叢談》。據身邊的宮女說，是先有李蓮英報信，後有子彈射入。（金易、沈義羚著，《宮女談往錄》，紫禁城出版社，一九九一年第一版，第二一三頁）

來得及準備車輛，慈禧等人走到宮門口的時候，正好看見光緒哥哥的一輛騾車，趕緊就上去了。其餘的隨從只能坐大車店裡僱來的車。這一行，慈禧只帶著光緒、皇后、瑾妃、「大阿哥」、幾個親信的格格、貝子，還有李蓮英和崔玉貴這兩位貼身太監、兩個貼身宮女，再加上皇后等人的幾個侍女、太監，十幾個人打扮成漢人的樣子，坐上了三輛車。因為車子太少，連皇后、格格也只能和宮女太監們同擠在一輛用來拉貨的簡陋車子裡，車子下面鋪著一層蘆席，上面只有一個像橋洞一樣的棚子。

一行人出了北京城直奔頤和園。一路上，逃難的百姓塞滿街道，敗兵到處搶劫，此時慈禧的身邊沒有一個護衛，見到路邊的敗兵不免心驚膽戰。花了半天時間趕到頤和園，稍微吃點東西，歇了歇腳，等到幾位王爺趕到後，又立刻向西趕路。

這次還是普通漢人的打扮、普通的車子，好在車輛多了一些，也有了護衛隊在後面遠遠跟著。

因為怕洩密引禍，慈禧等人並沒有帶珍寶古玩，只隨身帶了一些散碎銀子。事先想得很好，有銀子不就可以買東西嗎？誰知道因為懼怕外國人、敗兵和義和團搶劫，沿途的百姓、商人全都跑得一乾二淨，走了一整天都買不到飯吃。

和道光的節儉不同，慈禧很講究物質享受，她平時每天三頓飯，中間還有三次加餐吃點心，一天要吃六頓。早餐二十幾樣點心，正餐是一百二十幾樣固定的「例菜」外帶「時鮮」，有時還有各地獻上的「貢菜」（每次任選其中幾樣吃，菜樣多是爲了避免下毒。吃不完的賞給妃子或者下人），這回出逃，慈禧第一次吃了苦。出了頤和園後的第一天，唯一能吃的是好不容易弄到的一點玉米粒和豇豆（類似四季豆）粒，慈禧一開始拒絕吃，後來耐不住餓，還是強忍著吃下去了。

慈禧平時很愛乾淨、漂亮，她曾對身邊的宮女說：「一個女人沒心腸打扮自己，那還活什麼勁兒呢？」慈禧每天都要花兩、三個小時的時間化妝，用的脂粉都是她自己親手製作，還要花很長時間敷臉、敷手。她的襪子是用綢子做的，綢子原本沒有伸縮性，很難合腳，所以她的襪子要由技藝精湛的工匠專門縫製，爲的是能和她的腳嚴絲合縫，爲了美觀，還要在合縫的地方繡花，這麼一雙襪子，技術熟練的繡工需要七、八天才能做出一雙，慈禧還偏偏每天都換一雙新襪子，絕不穿舊的。到了夏天，她還幾乎每天都要洗一個步驟繁複、一次用掉五、六十條毛巾的澡（爲了保持洗澡水乾淨，同一條毛巾不許沾兩遍水）。別說沒洗乾淨了，連香皂沒擦乾淨，到了晚上讓皮膚發癢，都會讓她大發雷霆。

可是這次出逃也不能講究身體衛生了。當時正是陽曆八月分的天氣，白天熱得要命，在太陽的燒烤下，車裡熱得像蒸籠，每個人身上都是一身臭汗，汗吹乾了變成鹽鹼糊在皮膚上。這些穿慣了絲綢的貴人受不了身上的粗布衣服，幾天下來渾身長滿了痱子，瘙癢難忍，體臭難聞。半路上還遇到了兩場大雨，鞋襪全都溼透，髒襪子、髒衣服也無處更換。

慈禧鼻子很靈，最厭惡臭味，侍候她的宮女、太監身上不能有異味，更不許放屁。她的寢宮裡，一年到頭都擺著幾大缸新鮮的南方水果用來熏香。可是在這日子裡，她也只能忍受著身邊人的汗臭、牲畜的體臭和尿騷味。

讓人難以忍受的還有蚊蟲。平日到了夏天，慈禧常住在清涼宜人的頤和園裡。頤和園水多，爲了不讓蚊蟲叮咬到老佛爺，一到夏天就有工人把慈禧的寢宮用一個巨大的罩子嚴絲合縫地罩起來，這在北方稱爲「天棚」。慈禧到了其他宮殿、船上遊玩，四周也都要用紗帳罩好，不許留一點縫隙。但在這八月的野外，慈禧只能忍受著被騾子引來的漫天蚊蠅，只能靠宮女沒日沒夜的搧趕勉強度日。

最難的是上廁所。當時民間習俗，不願意把廁所借給陌生女子，怕有「穢氣」。第一天白天，先是由宮女好不容易央求一個大戶人家，又給了不少銀子，慈禧才上得了廁所。夜裡住宿時的廁所更慘，糞尿遍地，肥蛆和蛤蟆滿地都是，甚至每人身上都落著十幾隻蒼蠅，順著人臉爬。到了第二天走到荒郊野外的時候，慈禧又要上廁所，實在找不到地方，只能讓宮女、格格在野地裡圍成人牆，讓慈禧、皇后、公主、格格們輪流解手。

睡覺也不舒服。第一夜裡，慈禧的條件最好，也只能睡在一個家徒四壁的破床上，枕著一個倒扣過來的簸箕，用一把撿來的芭蕉扇蓋在臉上，還要把手用手絹包上，渾身不留一點肉，免得被蚊蟲叮咬。光緒連床都輪不上，只能把車墊子墊在屁股底下，背靠在牆上，坐著忍了一夜。至於其他的王公大臣，只能在車裡睡覺。

第一夜過後，有附近人家察覺到過夜的是皇帝、皇太后，供奉了饅頭、鹹菜、小米粥，這才好過一點。隨後越來越多的王公大臣、士兵加入隊伍，情況又稍微好一些，但仍舊缺衣少穿。有一次慈禧半路上口渴，停下車叫太監去取水，結果要麼是水井裡沒有打水用的桶，要麼水井裡漂著人頭，這水不僅皇帝、皇太后不願意喝，就連車夫、拉車的牲口都不喝。最後，慈禧和光緒只能靠咬高粱稈裡的汁液解渴。

其實這裡面最倒楣的是光緒。當年戊戌變法的時候，他本無意造反，結果被康有爲賣了；這次鬧義和團，他也是強烈反對與義和團開戰。據說在慈禧的御前會議上，光緒一時情緒失控，抓住了反對攻打使館的大臣的手大喊「救我」，意思是你得堅持住你的意見，咱們不能打仗呀！結果光緒被慈禧當場怒斥。

光緒是招誰惹誰了？他反對開戰，可是仗也打了，也輸了，心愛的女人還被殺了，自己還要跟著慈禧跑出來受罪。

忍過一開始的狼狽後，再往西走，亂兵越來越少，接駕的官員也成樣子了，生活也就沒這麼局促了。

慈禧從北京出發，一路向西，過了山西，最後來到陝西的西安市長住了下來。西安就是長安，在宋朝之前是中國歷代王朝首選的都城，清朝時的西安已經破敗，但好處是地處關中平原，易守難攻，在軍事上比較安全。占領北京城後的八國聯軍也確實想繼續向西進攻追擊慈禧，結果沒走太遠就因爲人數太少、地形複雜、難以補給而作罷。

現在慈禧太后終於可以喘一口氣，回頭收拾北京的殘局了。

四

整個河北都是一片慘狀。

在戰亂中，無論是八國聯軍，還是義和團和清朝的敗兵，他們都有對百姓施暴的惡跡。

在早期的義和團運動中，義和團攻擊教會、教民時往往還伴隨著搶劫財物。在清政府公開支持義和團後，有更多的人只是爲了貪圖清廷的賞錢，甚至是打算藉機搶劫、報私仇而加入義和團。有的義和團民硬指百姓為教民，以此進行搶劫；有的團民隨意指認富戶的房屋為教民的財產，威脅燒毀，富戶必須獻上錢米才能倖免；甚至有的義和團組織為了爭奪財產互相械鬥。因為趁火打劫的太多，當時就有童謠說：「大師兄，大師兄，你拿錶，我拿鐘，師兄師兄快下體，我搶麥子你搶米。」

和搶劫相比，更殘酷的是屠殺。

前面說過，義和團運動的興起來自於教會對村民的欺壓，但是教民並不都是活該被打死的混混，一些中國百姓因為和鄉紳有衝突而加入教會，不代表他們就一定是壞人。

儒家道德有時不講人性，比如：儒家講「三從四德」，女子要無條件聽從丈夫，丈夫虐待妻子沒事，外面花心問題也不大，可是妻子要是提出離婚，有婚外情，那就是破鞋，就成了賤民，輕則打一頓，重則扔井裡，所以魯迅才說「禮教吃人」。有些不被儒家禮教所容的百姓改去當教民，有些被丈夫、婆婆虐待的女子去教會裡尋求保護，他們都是值得同情的受害者。還有一些中國百姓加入教會是身不由己，比如：丈夫（父親）入教了，沒有地位的婦女、兒童也就只能跟著入教；一個村子裡大部分人都入教了，少數人為了自保，也只能入教；還有的家庭入教是在其他教民的逼迫之下，或者是為了避免在和教民的官司中吃虧，他們也都不是壞人。

可是義和團殺教民，往往不區分這個人到底做過或沒做過惡事，只要是加入過教會的百姓都是屠殺的對象，哪怕是老弱婦孺也不能倖免，甚至只要是隨身攜帶外國器物的人，都會被義和團當成「二毛子」屠殺。當時人記錄，一些中國百姓只因爲抽紙煙、打洋傘、戴洋人的小眼鏡被殺。有幾個年輕的學生，只因爲隨身攜帶的一支鉛筆和一張洋紙被義和團搜出，就死於亂刀之下。

還有的義和團聲稱，所有的教民頭上都有十字，普通人看不到，只有拳民能看到，於是，拳民可以隨意指認哪些路人是教民，被指出來的都會被殺掉。還有一種專門用來辨別教民的「法術」：讓被懷疑的百姓到義和團的拳壇上燒香焚表，凡是紙灰飛起來的，都不是教民，凡是沒飛起來的，就會被當成教民殺掉。

對外國人屠殺最激烈的是山西省。

毓賢原本是山東巡撫，因爲山東義和團鬧得太凶，列強認爲毓賢清剿不力，逼清廷撤換，隨後，毓賢改任山西巡撫。

毓賢是個對朝廷忠心耿耿的職業官僚，在山東的時候，朝廷要他清剿義和團，他就專心抓捕義和團首領，調節村民和教民的衝突；等到了山西，朝廷和洋人開戰了，他就專心捕殺山西境內的外國人，其中最令人髮指的，是他以保護外國人爲名，把山西各地外國人騙到太原，然後不分男女老幼全部殺死，此外，還屠殺了數目更多的中國教民。

就像教民並非都是壞人一樣，外國傳教士也不都是奸詐之輩。有很多在華傳教士，他們出於虔誠的信仰，自願拋棄舒適的生活，不遠萬里深入條件艱苦的內陸傳教，在傳教的同時，他們也做了很多教書、治病、收養孤兒的好事，結果，這些人最後卻要看著自己的至親被砍下頭顱，懷抱著瑟瑟發抖的嬰兒一同赴死。

五

義和團和清廷屠殺無辜百姓，八國聯軍也不例外。

當年英國發動鴉片戰爭的時候，也有殺人、強姦、搶劫之類的暴行，但和後來的八國聯軍相比，當年英軍還算是「文明」。那時的英軍還有著「大英帝國是世界最文明的國家」之類的榮譽感，軍官對士兵的暴行不以為然，還為此處死過自己的士兵。

但是到了八國聯軍的年代，形勢已經變了。當年鴉片戰爭，英國主要圖的是開放貿易，和清政府還是處於平等的地位，但是從德國強占膠州灣開始，西方各國這輪瓜分狂潮就沒有道理可講了，就是厚著臉皮硬要、硬占，那麼，怎麼從道義上解釋這個問題呢？怎麼解釋這些「世界最文明的國家」臭不要臉呢？

解決辦法就是「黃禍論」，宣傳「黃種人是智力低下、道德敗壞的劣等民族」，西方國家占領亞洲不是去侵略，而是要去教化、拯救這些劣等民族——我們是去做善事的呀！

這不是說西方各國都有一個專門的宣傳部門，爲了他們瓜分中國的計畫連夜炮製了一堆汙蔑中國人的文章。西方各國對於亞洲的印象，主要是由那些在中國居住的西方軍人、商人和傳教士們代爲傳播的。從主觀上說，殖民時代的西方本來就普遍流行白人自大主義，本來就瞧不起其他民族；從客觀上講，當時的中國在城市建設、基礎教育等方面也的確落後，那些在華白人哪怕是純粹的客觀描述，都會讓西方讀者輕視亞洲人。推波助瀾的是教會和拳民的衝突，西方人單聽來自傳教士的一面之詞，很容易覺得中國是一個落後、野蠻、狡猾、殘忍的國家，「黃禍論」就這麼慢慢形成了。

在八國聯軍侵華之前，西方大眾對中國人已經充滿了惡毒的想像：認爲中國人懶惰、骯髒、自私、冷漠、永遠在醞釀著陰謀詭計，每一張面孔都充滿了「東方的狡黠和殘忍」。一八九二年，英國的一份流行雜誌做了一個特別報導，詳細描述了中國人在倫敦開設的鴉片館是如何誘惑英國人吸食鴉片。你沒看錯，一個數十年來致力於不斷向中國走私鴉片的國家，在指責中國人把鴉片帶進了他們的國家。

在八國聯軍入侵兩年前，英國作家馬修．菲力普．希爾在他的小說集《黃禍》裡讓英國水手們高聲喊著：

「地球上將清除這個種族，你難道不同意我這個觀念嗎？」

「同意！同意！同意！」他們齊聲回應道。「我，此時此地發誓，從此將畢生致力於消滅中國人。」⑤

在八國聯軍入侵前一年，後來獲得了諾貝爾文學獎的英國作家吉卜林寫了一首叫做〈白人的責任〉的詩，詩裡讚頌白人殖民者把文明、和平帶到了落後、野蠻殖民地，教化了那裡的有色人種，這首詩在當時就受到了西方知識界的一些批評，但是當時西方的主流觀點是認同這首詩的看法，認爲白人優於有色人種，白人有教化、「解放」殖民地人民的責任。

⑤ 藍詩玲著，劉悅斌譯，《鴉片戰爭》，新星出版社，二〇一五年第一版，第三九〇頁，引自馬修．菲力普．希爾《黃禍》第二〇一頁。

在這種思想下，侵略也就成了「做善事」了。「黃禍論」、道德優越感，再加上傳教士對義和團屠殺教民的誇張描述，使得八國聯軍的官兵們覺得自己是在進行一個「從野蠻民族的鐵蹄中拯救自己的國家和人民」的正義行動。八國聯軍裡的奧匈帝國海軍艦長就對衛隊成員訓話說：「每個人可以帶回一條豬尾巴作爲紀念品，只要我的兵艦不受汙染即可。」所謂「豬尾巴」，就是清朝人的辮子。

八國聯軍一踏上中國的土地，立刻針對中國平民開始了帶有懲罰性質的屠殺、搶劫和強姦，成百上千的女性爲了避免受辱而自殺。一位英國軍官記錄說，他幾次見到美國人埋伏在街口，向出現在面前的每一位中國人開槍。

八國聯軍在京、津地區占領了約一年的時間，在這段時間裡，搶劫、屠殺成了常態。聯軍一度在北京四周掃蕩，既是爲了清剿殘餘的義和團，也是爲了「懲戒」。問題是，義和團脫下衣服就是老百姓，外國人怎麼區分誰是誰呢？也就只有「寧枉勿縱」了。用當時一位美軍將領的話說：「我敢說，從占領北京以來，每殺死一個義和拳，就有五十個無辜的苦力或農民，包括婦女和兒童被殺。」有的外國軍隊只要在一個村子裡發現了義和團的武器或者旗子，就會把整個村子燒掉。

除了屠殺還有搶劫。

英法聯軍上次占領北京的時候雖然燒了圓明園，但是沒有搶國庫的銀子，這次八國聯軍在北京大肆搜刮各處府衙的存銀，尤其日本搶空了大清國庫。上一次英、法聯軍沒進入紫禁城，這一次八國聯軍用大炮轟開了紫禁城的大門，聯軍統帥、德國人瓦德西大模大樣地住進了慈禧的寢宮儀鸞殿，後來因爲德軍的廚房不愼失火，儀鸞殿被燒爲灰燼。

在攻入北京城的頭三天裡，聯軍允許士兵公開搶劫。三天過後，各府衙和頤和園等皇家園林仍舊遭受不斷地劫掠。和上一次劫掠圓明園一樣，這一次英國軍隊又把所有搶劫來的東西都集中在一起拍賣，因爲寶物太多，外國人對普通的財寶已經看不上眼。一名美國士兵自述說，他看到有人拿一美元一碼的絲綢擦餐盤，用狐狸和海豹皮製成的皮大衣當床墊，他們連隊大部分人有六隻手錶，有些人甚至有十五隻手錶。

不只是士兵，那些在使館中被圍困了許多天的平民一旦「解放」後，也立刻加入到搶劫的隊伍中。英國記者說這些使館人員「和解救他們的人相比，他們有著決定性的優勢，因爲他們熟悉地方情形，知道値錢的東西在哪，他們就像進入了自己的『地下室』一樣」。

美國隨軍記者記錄了一件聽來的事：「在英國公使館大門被衝開以迎接聯軍部隊才五分鐘，兩名在英國公使館避難的法國婦女就衝出大門，相互比賽著跑到公使館大街的某一家商店，這是一家和平時期她們經常去的商店，而且她們知道商店已經沒有人了。十分鐘後，她們回來了，抱著滿滿的絲綢、刺繡、皮貨和玉石，臉上露出了勝利的笑容，她們兩人在過去的幾週裡所遭受的貧困，得到了充分的補償。」最終，英國公使的夫人的珍寶裝滿了八十七個箱子，而據她說：「還沒有開始裝箱呢！」

除了京、津地區外，俄羅斯趁著庚子之亂，還大舉入侵中國東三省，相繼占領了瀋陽、錦州、鐵嶺等重要城市，製造了「海蘭泡慘案」和「江東六十四屯慘案」。

在兩起慘案中，俄軍大規模屠殺中國百姓、搶奪財產，對婦女和兒童也毫不手軟，還把在屠殺中倖存的百姓趕到寬達八百公尺的黑龍江邊，用槍口逼著他們「游回去」，絕大部分人都淹死在冰冷的河水中。

六

「興，百姓苦；亡，百姓苦」，因爲百姓苦不苦，統治者根本不在乎。京、津直隸百姓們的慘狀對於慈禧來說不重要，她最關心的是列強將會提出什麼條件，能不能在不下臺的情況下讓列強退兵。

現在唯一的解決辦法是和談，咱們大清要做別的事不行，戰敗求和那還是儲備了菁英人才的，最擅長處理這事的人是誰呢？當然就是簽過《馬關條約》的李鴻章了。

當年甲午戰爭戰敗後，李鴻章成爲眾矢之的，在朝廷一片喊打聲中，慈禧比其他人冷靜得多，她知道朝廷離不開李鴻章，對李鴻章加以維護，在李鴻章受攻擊最厲害的時候，她派李鴻章出使歐美各國，躲避國內的鋒芒。等李鴻章回國後，又把兩廣總督的肥差給了他。

現在，慈禧捅了大簍子，李鴻章回報老佛爺的時候到了。在西行途中，慈禧調李鴻章北上和八國聯軍談判，要李鴻章再一次坐到屈辱求和的談判桌上。

其實李鴻章可以不去。

在西方人的眼裡，李鴻章是清廷最開放、最樂於接受西方事務的高官，李鴻章在之前出使歐美的外交之旅裡，表現極爲出眾，受到各國外交官和新聞媒體的一致讚揚，一度成爲歐美報紙上的外交明星。等到八國聯軍入侵的時候，南方諸省實行「東南互保」，又看到八國聯軍把北京都占了，就有人提出來咱們南方諸省乾脆獨立，選李鴻章爲第一任大總統，這提議列強也普遍支持——他們需要的是大清政治穩定，而不是分崩離析，由親西的李鴻章來統治中國，顯然要比排外的慈禧更好。這個時候李鴻章只要一念之差，什麼屈辱和談啊！什麼簽字當賣國賊啊！這些苦差事都不用管了，直接就成爲中國近代史上的共和第一人了。

但李鴻章做出了和曾國藩一樣的選擇。

已經七十五歲的李鴻章抱著病體來到北京，開始了和列強的艱難談判。清廷在初步接受了列強提出的議和條款後，曾發布一道上諭，裡面有一句「量中華之物力，結與國之歡心」，後來這句話成為慈禧賣國求榮的名句，廣為流傳。其實，這個文件是一份面向全社會，檢討朝廷在義和團事務上的種種錯誤，宣布朝廷外交政策大轉彎的「罪己詔」。這句「量中華之物力，結與國之歡心」，意思是告訴國內外，朝廷已經澈底改變過去的政策，澈底下決心與列強和好，用現代的話說，這句話是用來「作秀」的。

當然，說出這種卑躬屈膝的話還是太丟人了，但慈禧也就是說給外國人聽聽而已，她又不傻，她並不是眞的想「量中華之物力」，因為對於獨裁者來說，「中華之物力」是她一家的私產，對於自己的財產，當然是能多留點是點了。

可是這事哪那麼容易。

入侵中國的列強有八國，此外還有三國以教會、教民在義和團運動中受損為由，也加入了談判，因此最終是十一國聯手向清廷索賠⑥。當年的甲午戰敗還算是「城下之盟」，這次

⑥ 條約簽訂對象是十一國，賠款對象又加上三國，最後一共是十四國。

侵略軍是站在你的首都與你談，一言不合馬上立個傀儡皇帝給你看，比上一次是難上加難。在萬難之中，李鴻章只能用盡各種手段和列強斡旋，用他的話說，叫「爭得一分是一分」，把聯軍大開口的價碼一次一次往下殺價。

八國聯軍這邊呢？他們在占領北京後，針對如何最大化利益展開了激烈的爭論，其中激進方案包括把中國變成一個四分五裂的殖民地，或者推翻清政府另立傀儡政府。

經過討論，這兩個方案都被否決了：考慮到中國民間有義和團那麼激烈的排外運動，列強認爲直接占領中國並不划算；另立傀儡政府呢？能不能控制得住中國還不好說，還不如直接利用現在的清政府，讓它乖乖聽話最好。於是列強們向李鴻章開了一份極爲苛刻的停戰要求，在李鴻章的一再殺價之下，最後形成了《辛丑合約》。

大致內容有這麼幾條：

一是四點五億兩白銀巨額賠款，相當於當時每個中國人一人一兩，這個數字是《馬關條約》的兩倍，遠遠超過清政府的支付能力，只能分期付款，預計三十九年還清，算上本息，接近十億兩白銀。

可以這麼說，這筆巨款幾乎是按照清政府的承受極限量身訂做的，從此以後，中國人民四十年內的辛苦勞動，全都是在爲列強做白工了。《辛丑合約》簽訂之後，連朝廷每年發給皇親國戚的生活費全都減半，清政府已經被逼到底了。

按照合約規定，這筆巨款要一直還到一九四〇年，但是清政府到一九一一年就亡了，隨後的民國政府仍舊承認這筆賠款。再後來第一次世界大戰後，中國成了戰勝國，美國為了擴大對中國的影響力，主動退回了一半的賠款，同時要求賠款只能用來興辦教育事業和資助中國學生到美國留學，隨後其他幾個國家也效仿美國，各自退回了部分賠款。美國退回的賠款比例約為百分之六十，其餘各國多少不一，最少的約百分之一，只有日本例外，日本規定退款必須用在一系列和侵華有關的文化事業上，受到了中方的抵制，最後沒有退成。

用美國退款培養出來的留美學生，為近代中國儲備了不少人才，包括學者胡適、吳宓、語言學家趙元任、哲學家金岳霖、氣象學家竺可楨等；這筆退款還用來建立培養赴美留學生的「清華留美預備學校」，即後來的「清華大學」，以及協和醫院、北平圖書館等機構。其他國家退回的賠款，大多用在修建鐵路、水利、電訊、文教事業上，也有一些國家直接放棄了未支付的部分賠款，對用途不做限制，當然，這都是清亡以後的話了。

在清朝統治時期，《辛丑合約》的賠款是壓在清政府和中國百姓身上的重擔，到清朝完蛋時，朝廷和百姓還是沒能在這壓力下喘過氣來。

還有比賠款更狠的要求。

七

《辛丑合約》還要求清方拆除大沽炮臺和通往北京水路的各處炮臺、天津方圓二十里不允許大清駐軍、擴大使館衛隊，允許使館衛隊永遠駐守北京、在北京至沿海間各戰略要地也要駐紮外國軍隊、兩年內禁止中國進口武器。

這就是說，列強要求清政府放棄從北京到大沽口之間的全部防禦，反倒是列強可以駐軍。以後，列強軍隊可以隨時從大沽口登陸直取北京。同時，還在紫禁城的眼皮底下放了龐大的使館衛隊，等於把槍頂在了慈禧的腦門上，讓慈禧絕不可能再有反抗的機會。

《辛丑合約》的另一大要求，是懲治「禍首」。

所謂「禍首」，就是列強開列了一些他們認爲必須對義和團事件負責的清朝高官，共一百多人，要求處以從革職到死刑不等的處罰，這既是爲了清洗排外官員，保證清廷從此乖乖聽話，也是爲了純粹的「懲戒」，以彰其威。

在這份「禍首」名單，位置最高的幾個重臣裡，徐桐和崇綺（他們都是「大阿哥」的老師）在八國聯軍攻入北京後殉國自殺；另一位推崇義和團最爲賣力的重臣剛毅在西逃的路上病死；還有一位是端郡王載漪，就是「大阿哥」的爸爸。

慈禧明面上下令將載漪剝奪爵位，流放到新疆伊犁，永遠不許回京，實際上慈禧偷偷留了情，載漪壓根就沒有去新疆，而是住在內蒙古的親戚那裡，繼續過著錦衣玉食的生活，當然，這和西逃之前，萬人之上的榮華富貴是沒法比的了。

端郡王的兒子，那個「大阿哥」也受了連累，被剝奪了皇儲的身分，和他爸爸一起流放。順便八卦一下，這個「大阿哥」的家庭教育很不好。「大阿哥」的爸爸，也就是端郡王，是個有名的花花公子，「大阿哥」自己更是吃喝玩樂樣樣精通，不學無術。據慈禧身邊的宮女說，「大阿哥」舉止遠不像光緒帝那麼端莊穩重，他平時對宮女眉來眼去，說話油腔滑調，在宮裡一有不順心的事就大喊大叫，誰哄都沒有用。據說有一次光緒站在廊下，「大阿哥」突然從背後偷襲，打了光緒一拳，把光緒打到地上起不來，後來光緒找慈禧哭訴，「大阿哥」被打了二十棍。

清朝皇帝向來以超嚴格的教育著稱，慈禧打算要這麼一位「大阿哥」繼承大統，大清國也算是敗相盡露了。

「大阿哥」作爲皇儲，在慈禧西逃時原本一直被慈禧帶在身邊，除了皇帝、皇后外，就數他地位最爲尊貴，如今被剝奪了名號，成了普通旗人，自然不能和皇帝、皇太后一起居住。據說他被趕出去時，身邊只有一個老媽子，他「出宮時，涕淚滂沱」，被榮祿一路攙扶著出去，「情狀頗覺淒切」。因爲他平時舉止輕浮，很不得人心，連太監、宮女都不喜歡他，以至於「宮監等均在一旁拍手，以爲快事也」。

「大阿哥」這人是典型的紈絝子弟，人品不壞，但是超級沒腦子，一點生活和政治常識都沒有，有這麼一件事：在慈禧西逃的時候，長長的一列車隊，前面是慈禧的車，「大阿哥」的車在後面跟著。「大阿哥」一路上很無聊，就吹奏各種樂器玩，有一次他吹起了嗩吶。依民間習俗，送葬的時候才吹嗩吶，慈禧在前面走，你在後面吹，這不是替老佛爺送葬了嗎？老年人原本就怕死、避諱多，慈禧又是個超級迷信的人，在一顰一笑、一個小表情都極爲慎重的宮廷裡，「大阿哥」這麼做，簡直是沒心沒肺到極點了，幸虧慈禧身邊的宮女反應快，搶在慈禧聽到之前阻止了他，這才避免了一場風波。

這位「大阿哥」被貶後，還繼續當他的公子哥。他不懂得經營家產，甚至連怎麼變賣家產、賣多少錢都不知道，他只知道吃喝玩樂，聽戲、喝酒、抽鴉片，一擲千金捧名角，揮霍無度。後來清朝亡了，「大阿哥」在民國的國會裡當個掛名的參議，每個月可以領到錢花，民國政府還有個《清室優待條件》，每個月也給他一大筆錢。可是後來時局變化，他的掛名參議沒有了，馮玉祥又強行修改了《清室優待條件》，把末代皇帝溥儀轟出紫禁城，把各個王府占有的田地也收走了。「大阿哥」沒了收入，他的家產被人連騙帶賣，最終揮霍一空。

在晚年，他雙目失明，靠著別人接濟的一口飯、一點鴉片度日，最後在日本侵華時期淒慘身亡。

接著說《辛丑合約》。

除了賠款、駐軍、懲治「禍首」的要求外，《辛丑合約》還有一些純粹羞辱性的條款。因爲德國公使克林德和日本參贊杉山彬在義和團事件中被殺，《辛丑合約》規定清廷必須派貴族使團分別赴德國和日本道歉。

赴日本道歉還算順利，向德國的道歉出了個插曲。德國皇帝威廉二世不是特別狂嗎？他要求赴德道歉的貴族載灃在面見自己時三鞠躬，其他人隨行人員要下跪磕頭。這個要求受到清廷的激烈抗議，清政府甚至爲此拒絕在《辛丑合約》上簽字，其他各國也覺得德國因爲這件事延誤了《辛丑合約》的簽訂是沒事找事。在各方壓力下，德國才作罷。

《辛丑合約》的另一個羞辱性要求，是要清廷在北京克林德公使遇害的地方建立紀念碑，在其他義和團運動激烈的地區，也要修建紀念碑。北京的「克林德紀念碑」實際上是一個巨大的牌坊，最後耗費白銀一百二十萬兩。這座碑一直豎立到第一次世界大戰結束，一戰結束，德國戰敗的消息傳來，當時的國民政府立刻拆毀了這座羞辱性的建築，不久，又把拆毀的牌坊移到今天的中山公園南端重新建立，牌坊上的字也抹去重新篆刻，今天我們可看到的是「保衛和平」四個字。

《辛丑合約》簽完了，八國聯軍事件算是告一段落。不久以後，李鴻章就積勞成疾，因病逝世。當時慈禧還西逃在外，消息傳來，不僅慈禧震驚，連「隨扈人員，乃至宮監衛士，無不相顧錯愕」，大家都感到帝國少了一大支柱。不久榮祿也病逝，這兩個人都是慈禧最為仰賴的重臣，兩人去世後，慈禧無人可用，便提拔袁世凱，任命他為直隸總督兼北洋大臣。

袁世凱是繼李鴻章後，大清最有能力的洋務派大臣。當年在小站，他把新軍練得有聲有色；在山東，他有效的控制了義和團運動；在《辛丑合約》簽訂後，他把慈禧回京事宜辦得十分妥當，讓好享受、好面子的慈禧舒舒服服、風風光光地回了北京。

在他當上直隸總督後，還有個小插曲。

按照《辛丑合約》的規定，天津附近不能駐紮清軍，袁世凱這個直隸總督也就有名無實，無法真正控制天津地區，結果袁世凱發現了條約中的一個漏洞：條約規定不許駐軍，沒說不許派警察啊！其實當時的大清國並沒有警察，袁世凱從自己的新軍中調集了最精銳的部隊，讓他們穿上警察的衣服，硬說他們是警察。如此一來，數千新軍堂而皇之地駐紮進天津城，使得條約中禁止清軍駐軍的條款成了一紙空文。

在八國聯軍的入侵中，清軍一敗塗地，於是袁世凱帶到山東去的小站新兵成了清廷最可仰賴的精銳部隊。不久慈禧下令，讓袁世凱擴充小站新軍，建成了更爲龐大的「北洋新軍」。這時，袁世凱成了繼曾國藩和李鴻章後，清廷最離不開的漢人大臣。

當時有不少清廷大臣把重振國事的希望寄託在了袁世凱的身上，可是誰又能想到，最後就是這個人敲響了大清的喪鐘呢？

你們打我幹嘛？我也是為了大清啊！——

晚清新政

一

在心理學上，有一個概念叫做「心理的舒適區」，說的是我們每個人的心裡都有一個讓人感到特別舒適、安全的區域，這個區域就好像是寒冬裡家中溫暖的被窩，人們不太願意離開。

舉個例子，不少男孩子在成長的過程裡，都經歷過這樣的心路歷程：

在青春期前和青春初期，也就是七、八歲到十一、二歲的時候，男孩子之間競爭的資本是體力和勇氣，哪個男孩子跑得最快、爬得最高、敢從最高的地方跳下來，他在同伴中的地位就最高，所以我們普遍覺得七、八歲的男孩子特別「淘氣」，總要去做登高、爬梯危險的事，因爲這種行爲是他的「心理舒適區」，透過這種行爲，他在同伴中得到了地位，也在這種行爲中得到了安全感。

進入了青春期後，男孩子開始對異性產生興趣，希望能吸引女生的注意力，可是這個時候男孩子還不知道該怎麼和女生相處，他們沿用過去的經驗，以爲淘氣逞強是贏得女生注目的關鍵，所以我們看五、六年級的男孩子，特別喜歡對著女生淘氣，喜歡掀女生裙子、喜歡在女生面前追跑打鬧，平時幾個男孩子自己玩還滿安靜，如果這時候突然來了一個漂亮的女孩，這幾個男孩子情緒會突然亢奮，一下大聲叫，一下大聲笑。

假如這時你對他們說：「孩子，這樣追女孩子是不對的，你應該變得很成熟、很紳士，能體貼地考慮到女生的感受，還要保持適當的內斂、神祕，那樣才能贏得女生的喜歡。」這群十一、二歲的孩子有可能聽不進去，因為「淘氣」是他們熟悉的心理舒適區，而「紳士」是他們從未涉足過的陌生領域。

男孩子什麼時候會發現淘氣這條路行不通呢?是在受到女生打擊的時候。某一天，當他看到女孩子對高年級的成熟男生表示仰慕之情，當他發現女孩子對自己上躥下跳的淘氣行為露出不屑的眼神，這時他受到了很大的打擊。到了這個時候，他才發現自己的行為很不妥，他開始痛苦地反思，發現原來紳士的行為更吸引人，他開始改變自己，不再淘氣，進入了假裝深沉的「中二時代」。

這個從「淘氣」變成「中二」的變化，就是一個人在外力的壓力下，不得不遠離心理舒適區的過程。

一個社會也有自己的「心理舒適區」，因為一個社會要變革，就要支付巨大的變革成本。這個成本包括消滅既得利益者的武力爭鬥，包括建立新秩序的花費（比如：建立新機關、培養新人才都要大筆花費），更包括新舊制度交替的時候，對社會造成的暫時混亂，另外還有一項隱藏的風險成本：萬一變革的方向錯了怎麼辦？那可就連家底全賠光了，王莽就是前車之鑑呀！

對於在野的變革者，這些風險對於他們來說還不是大問題，但是對於當權者來說，變革的都是他自己的東西，他就需要好好斟酌變革的成本和收益問題了。

具體來說，需要有兩個條件，才能促使當權者下決心改革。

第一個條件最關鍵，需要改革的利益大於改革的成本。因爲當權者在這個社會裡已經是地位最高的人，吃香的喝辣的已經沒什麼追求了，而改革一旦失敗，最慘的後果是死無葬身之地（如：王莽），所以普通的利益很難刺激當權者改革。一般情況下，這個「改革的利益」指的就是「不改革就死定了」。

第二個條件要是能有更好，那就是改革的前景清晰可見。改革既然是一場風險巨大的豪賭，自然風險越低越好。假如之前已經有類似的國家進行了類似的改革，獲得了巨大的成功。那我們照著人家的樣子去改革，風險就比較低，當權者也容易下決心。

我們照此來看義和團運動以後的晚清政局，第一個「不改革就死定了」百分百的滿足了：前面說過，一旦政府無法維持某個地區的秩序，它就失去了統治這個地區的合法性。在義和團運動和八國聯軍入侵兩件事裡，清廷既無法解決直隸地區的義和團問題，也無法阻止外敵入侵首都，連朝廷事後的存廢也只憑洋人的一念之間，最後連首都的防衛也都讓給了外國人，你還有什麼統治國家的合法性呢？

「東南互保」是地方省分給朝廷的重要訊號，弦外之音是「朝廷你要是再治理不好國家，我們就不陪你玩下去了」，要不是李鴻章沒答應當總統，大清都已經亡國了。

所以，現在的清廷必須立刻、馬上變強，否則就是死路一條。

二

早在西逃的路上，慈禧就下決心要改革。

八國聯軍攻入北京半年後，《辛丑合約》還沒簽訂的時候，慈禧就以光緒的名義宣布要「預約變法」，向天下預告，我們要變法了。

但是到底該怎麼變呢？

一些不涉及政治權力的實務沒什麼可爭議的，直接變，比如：廢科舉、練新軍之類，都是康有爲等曾經提過，當年慈禧也都研究和認可了，現在都重新翻出來逐一執行，這沒什麼好猶豫。但涉及到上層政治權力的改革就麻煩了，麻煩的原因就是前面說的風險問題，政治改革改成什麼樣？誰能保證改革的方向就是對的？

在八國聯軍入侵五年後，發生在中國東北的日、俄戰爭幫助清廷下了這個決心。

作為列強，俄國和日本都努力擴張在亞洲的地盤。俄國在占領了中國的黑龍江和松花江以北、烏蘇里江以東的大片土地，又強行租借了旅順，下一步又開始謀劃占領整個東三省。日本的戰略，則是在占領朝鮮半島以後，下一步占領東三省，再下一步吞併整個中國，所以俄國和日本在搶奪東三省這件事上發生了衝突。

俄國看不起日本，在西方列強的眼裡，日本人也屬於黃皮膚的「劣等民族」，只比清政府好一點點，以西方列強的武力，還打不過一個剛剛維新的亞洲小國嗎？

日本也知道己弱彼強，但日本人當時有一種思想，認為隨著地球被世界各國瓜分殆盡，亞洲各國總有一天會被西方列強全部吞併，為了抵擋未來西方人的進攻，日本人必須統治全亞洲，帶領亞洲各國向西方人決戰，而占領中國東三省又是統治亞洲必備的一步，因此日本人認為，這場與俄國搶奪東三省的戰爭是一場「不打贏，我們就完蛋」的戰爭，就像當年與大清打甲午戰爭一樣，日本這次也是賭上了全國的本錢，要和俄國誓死一拚。

於是日、俄兩國就在中國的領土和海洋上展開了一系列戰爭，結果無論是海戰還是陸戰，日軍都獲得了巨大的勝利。

這件事對清政府來說，首先是一個巨大的恥辱。東三省是大清的「龍興之地」，原本是連漢人都不許進入，最神聖的地方，如今兩個外國侵略者爲了搶奪這塊土地公然開戰，清政府竟然只能眼巴巴在一邊看著，這跟兩個流氓爲了搶潘金蓮在武大郎面前開打，完全沒意識到人家老公還站在一邊有什麼區別？

當然，首都都丟了，京畿防衛都讓出去了，日、俄戰爭的羞辱也算是「蝨多了不咬，債多了不愁」吧！

另一大刺激，是日本獲勝。

俄國是連英、法都忌憚的西方強國，在戰爭開打之前，全世界都不看好日本，亞洲國家從來沒有正面對戰過歐洲列強的例子。日本獲勝後，全世界都目瞪口呆。要知道日、俄戰爭不是一場戰鬥，而是打了很多場，無論是海戰、偷襲，還是拚火力正面交鋒，日本全都獲勝，證明了日本的獲勝不是偶然，日本的實力的確超過了俄國。

我們今天總結日本的獲勝原因，是從經濟到戰略思想，再到戰術指揮多方面因素共同促成的，但當時那些關心政治改革的中國人，他們把注意力都放在了兩國的政體上。當時俄國還是沙皇當道，採用的是君主制度，而日本是君主立憲制，很多中國人就認爲，原本弱小的日本能戰勝強大的俄國，說明君主立憲制度全面優於君主制度。

日本的制度、文化與中國相近，國力比中國弱，日本採取了「君主立憲制」後卻能打敗強大的沙俄，那大清要是也如此改革，還不得一飛沖天？

日本戰勝俄國後，很多主張「君主立憲制」的國人都大受鼓舞，有一種「日本的今天就是我大清的明天」的感覺，而且就在俄國戰敗一個月後，俄國沙皇也在壓力下宣布施行君主立憲制度，到了這個時候，全世界的大國裡還實行君主獨裁制的就只剩下大清國了。

這個形勢太明顯了：立憲是毫無爭議的大勢所趨。

就在俄國戰敗兩個月後，張之洞、袁世凱等人奏請朝廷立憲，慈禧也大受時局震動，她派出五位大臣出國考察各個國家的政治制度，尤其以德國、英國和日本這三個當時的君主立憲制國家爲考察重點。待五大臣考察回來後，對國外制度讚不絕口，清廷立刻向國、內外宣布預備立憲，正式承諾咱們要改成君主立憲制了。

三

簡單地說，所謂「君主立憲制」，就是要在君主的統治之外，增加《憲法》和議會，君主的命令不能違反《憲法》和議會的決定，其中議會的議員又是從各地選舉而來，皇帝不能左右。說白了，就是要皇室和地方實權派分享權力，同時全國的權貴都要受到法律的約束。

那麼，慈禧的立憲是不是實現了這一點呢？在慈禧公布的立憲計畫《欽定憲法大綱》裡，規定未來的清政府採取君主立憲制，也就是把國家的權力一分爲二，皇帝和國會（中央一級的議會稱爲「國會」）各擁有一部分權力，那國會又是誰來掌握的呢？

分兩步。首先，先在各省選出省議員，建立各省的議會。第二，由省議會推舉出中央議員，這些中央議員再加上一部分由皇帝欽定的皇族議員，一起組成國會。

在正式立憲之前，清政府先在各省建立了用來籌備立憲的機構，稱爲「諮議局」，類似於省議會，從這些諮議局裡選出的議員，都是各省的商人、鄉紳等地方實權派。

也就是說，如果清政府將來實行立憲，不出意外，國會將會掌握在大商人、鄉紳、地方實權派的手裡。

國會在地方實權派手裡還不夠，我們還得看看這個國會將從皇帝手裡分得哪些權力？

在一個國家裡，有四個權力最爲重要。

首先，最重要的是軍權。軍權最重要，誰擁有軍權，誰就可以完全不聽國會和法律的命令，想幹嘛就幹嘛，進而依靠軍隊實行獨裁統治。把軍權交給任何一個單獨的部門，都可以使這個部門過於強大，所以在現代國家，軍權通常都打散了分散到各個部門的手裡。

在《欽定憲法大綱》裡，軍權歸誰呢？歸皇帝一個人，國會不得干涉。

下一項權力是「立法權」。「立法權」就是制定法律的權力，這項權力也超級重要，因爲現代國家是「依法治國」，一切事情都以法律爲準，所以法律的制訂直接決定了各項國家政策。比如：前面說過，爲了國家強大，應該建立一個平等的市場，可是如果少數人擁有不受限制的立法權，他就可以破壞商業平等，比如：我是立法者，我發現對手公司的某種主要商品裡有一種原料對環境有些許害處，那我就可以「保護環境」爲由，立法提高對這種原料的懲罰性稅收，如果對手公司依賴進口原料，我就可以「保護國有經濟」爲由，提高關稅，增加進口原料的價格，我甚至可通過一項「我的親朋好友經商免稅法」，那這市場上的其他商人誰都別做生意了。

在《欽定憲法大綱》裡，立法權歸誰呢？分兩半，國會和皇帝一人一半。國會負責制定法律，但是皇帝不簽字就不能生效。

第三項權力是「司法權」。光制訂法律還不夠，俗話說，「規矩是死的，人是活的」，法律都是一條條死板的文字，不可能適應生活中千變萬化的情況，法律文字還需要有人去解釋、去應用，解釋和應用法律的權力，就是「司法權」。

這個解釋司法的權力也很大，很多案即便有法律的約束，仍舊有很大的解釋空間，因此人們才需要花費重金聘請律師打官司。

在各種司法權中，最重要的是解釋憲法的權力，因為憲法能約束其他部門，誰能解釋憲法，誰就有權判斷其他機關是不是違憲。

在《欽定憲法大綱》裡，司法權也歸皇帝一個人。

第四項權力是「行政權」，簡單說，就是任免和指揮各級官員的權力。

在現代國家裡，官員上面有法律管著，官員如果違法，老百姓可以告發你，用法律來約束你，但俗話說得好，「縣官不如現管」，即便在法律的限制下，政府官員還是有相當大的權力，而且這裡還有能力問題。「不違法」只是對政府官員的最低要求，只是不違法不行，還得能做事，需要高效處理國家問題：有經濟危機解決經濟危機、有外交糾紛解決外交糾紛。如果一個國家光有好的司法系統，沒有好的行政系統，最極端的情況會陷入無政府狀態，政府不能有效運轉，無法維持秩序保護人民，那就只能等著被推翻了，所以，行政權也是個很重要的權力。

在《欽定憲法大綱》裡，任命百官的權力在誰手裡呢？還是皇帝一個人。

另外，《欽定憲法大綱》還給了皇帝關閉、解散議會的權力。

現代國家不是講究權力制衡，要把權力拆開給好幾個部門嗎？要是好幾個部門互相打架該怎麼辦？比如：總統與議會發生爭執了，總統就是想通過一個法案，議會就不允許，總統無賴說：「我就要、我就要、我就要！」議會鐵了心：「就不行、就不行、就不行！」兩邊都恨對方恨得牙根癢癢，怎麼辦？

一個基本的原則是，各個部門之間的對抗能力要均衡，比如：總統和議會之間，總統不能解散議會，議會也不能罷免總統；或者總統可以解散議會，但是議會也可以罷免總統任命的政府官員，這樣誰也壓不住誰，雙方最後都會了解到，唯一能讓政府繼續運行的辦法，是尋找雙方都可以接受的共同點，大家求同存異，解決分歧。

但是在《欽定憲法大綱》裡，皇帝可以隨時關閉、解散議會，議會卻不能彈劾、罷免皇帝，這就等於皇帝可以完全控制議會，議會沒有半點反抗的能力。

那麼，怎麼看待這份《欽定憲法大綱》呢？

可以說，《欽定憲法大綱》是「出讓了極小的一點皇權」，出讓的皇權，就是那半個立法權，此外，還對皇帝的行爲有些許的約束：《欽定憲法大綱》規定，已經制定好的法律，皇帝不能隨意修改，皇帝的命令也不能和法律衝突，另外在法律的許可範圍內，大清的臣民還擁有言論自由、結社自由、人身自由、財產權等最基本的權力，對皇帝多少還是有點束縛。

但是這個束縛太小了，由於皇帝擁有軍權、司法權、行政權，還可以隨時解散議會，因此憲法對皇權的限制實在弱得可憐，如果是弱小的皇帝或許還能受到限制，如果是遇上強權皇帝，他完全可以在不違憲的情況下，把國會變成自己的私人祕書處，重新回到君主獨裁的世界裡。

當然，《欽定憲法大綱》還只是一個計畫，將來到底怎麼執行，變數還很大。慈禧爲此公布了一個九年的立憲計畫，詳細制定了這九年裡每一年做什麼，也算是一份承諾書，表示準備立憲。

直到今天，歷史學家們還在爭論慈禧對於立憲到底有沒有誠意？她是真心想政治改革，還是只想拖延時間，應付國內外的壓力？

歷史沒有給出答案，因爲《欽定憲法大綱》公布兩個半月後，慈禧就去世了。

四

慈禧去世後，大位空缺，誰來繼續掌舵大清國呢？

原本這不是一個問題，因爲慈禧並不是法理上眞正的掌權者，理論上的掌權者是光緒，慈禧只是「訓政」，也就是指導光緒執政，所以慈禧平時發布命令，用的都是光緒的名義，她本人的命令是不合法的。

這麼說來，慈禧去世以後應該是光緒來親政。

然而詭異的是，光緒剛好在慈禧去世的前一天離開人世，這個死亡時間對晚清政局有至關重要的影響：假如光緒比慈禧晚死一天，光緒的遺囑就是聖旨，他來決定接下來誰繼位、誰當攝政王、誰被拉出去砍頭；反之，慈禧只要晚死一天，後面的政局安排都得聽慈禧的。

由於光緒去世的時間太過戲劇性，而且光緒死的時候只有三十七歲，太年輕，所以關於光緒的死因，國內、外學者一直都有爭論：光緒到底是自然死亡，還是被慈禧謀害了？過去人們只能靠各種歷史記錄、傳聞考證，眾說紛紜，得不出一致的結論。

直到二〇〇三年起，中國原子能科學研究院、北京市公安局法醫檢驗鑑定中心等單位用現代科技，對光緒的遺體和遺物進行了連續數年的研究檢測，結果發現，光緒頭髮中「砷」元素的含量遠遠高過正常值。

「砷」是砒霜的主要成分，當人服用砒霜中毒後，「砷」會殘留在頭髮裡。光緒頭髮裡「砷」的分布極不均勻，頭髮根部的「砷」含量遠遠高過其他部位，也就是說，光緒不僅是砒霜中毒，而且是在臨死前突然服用了大量的砒霜，而不是慢性中毒。

研究人員又透過檢查棺槨中的「砷」含量，排除了光緒頭髮中的「砷」是來自外界汙染的可能；又檢查了光緒棺槨中衣物的「砷」含量，發現光緒腹部衣物的「砷」含量高於其他部位，內層衣物的「砷」含量高於外層，說明衣物中的「砷」來自於腐爛後的胃部。

這些證據，都證明了光緒在生前服用過大量的「砷」，單單是在實驗中監測的少量樣本裡，就發現了二百零一毫克的「砷」，而人口服二百毫克就會致死。

這說明，光緒是被人毒死。

誰下的毒呢？九成就是慈禧了，換成其他人，要麼有條件暗殺但是沒動機，要麼有動機沒條件，只有慈禧兩者兼備⑦。

慈禧暗殺光緒的動機很明顯，只要光緒比自己活得長，將來就是光緒親政，自己必然要遭到反攻，甚至連牌位都可能移出宗廟，遺臭萬年，只有光緒死在自己的前面，誰將來繼承

⑦「有條件暗殺但是沒動機」指的是光緒身邊的內侍。為防暗殺，清朝宮廷制度極嚴，除慈禧外，有條件暗殺光緒的只有李蓮英等少數最高等級的太監，但這些高級太監和光緒的私人關係並不差，沒有暗殺的動機，如：李蓮英一直以為年輕的光緒會比慈禧後死，為了替自己留後路，他私下對光緒很好，還因此引起了慈禧的不滿。

「有動機但是沒暗殺條件」指的是袁世凱等在戊戌政變中得罪過光緒的大臣。袁世凱是除慈禧外，受史學家懷疑的第二號嫌疑人，但是在清廷嚴格的宮廷制度下，外臣和內侍親密接觸的機會很少，難以建立特別強大的同盟，袁世凱即便能夠暗殺光緒，也難以做到嚴守祕密，在一百多年裡沒留下一絲痕跡，更重要的，是慈禧又不傻，假如在她臨死前這麼敏感的時間點，光緒突然去世，必然會引起她的警惕，有人擅自做出弒君這種忤逆之事，是她不可能容忍的，尤其袁世凱還是漢人，漢臣弒君，更是慈禧極不能容忍的。如果慈禧對袁世凱有懷疑，在她臨死前應該會做出重大人事調整。

其實，既有動機又有條件的凶手除了慈禧外，還有一個人，就是隆裕。隆裕和光緒原本就關係不睦，光緒在病重時，慈禧已經內定溥儀繼位，只要光緒死在前面，隆裕就可以成為幼主的皇太后，有機會當上第二個慈禧，如果是她擅自刺殺光緒，慈禧有可能被迫接受現實不去處罰她，但隆裕為人似乎膽小無能，弒君的可能性不大。

大統就全都由自己說了算，大權還是在自己人的手裡。

光緒死後，關於誰來繼承大統，慈禧沒有太多的選擇。各項條件都符合的只有兩個候選人：一個是二十八歲的溥偉，一個是只有三歲的溥儀。當然三歲的孩子當不了政，如果是溥儀繼位，眞正的權力要交給他二十六歲的爸爸，醇親王載灃。

當時很多人都認爲大權應該交給年富力強的溥偉，然而慈禧最後選擇了三歲的溥儀繼位，醇親王載灃擔任攝政王，眞正掌握大權。

慈禧到底爲什麼這麼選？後人有各種解釋，慈禧也許是看上載灃爲人忠厚老實，相信他會繼續已定的政策走下去，不會亂來；或許溥儀的生母是榮祿的女兒，被慈禧收爲養女，也算是關係不一般。

除了把權力交給載灃外，慈禧還提前把袁世凱從北洋軍調到軍機處，剝奪了袁世凱的軍權，爲載灃將來的執政鋪平了道路。

關於溥儀的繼位，還有兩個小故事。

溥儀從小生活在王府裡，從沒有進過宮，慈禧臨終前叫人把溥儀抱進宮來。一個三歲的小孩突然離開熟悉的親人，被抱到陌生的地方，怎麼能不害怕呢？據說溥儀見到慈禧後，開始大哭，慈禧叫人把一串事先準備好的糖葫蘆交給溥儀，可是溥儀根本不買帳，一把將糖葫蘆摔到地上，大哭：「我要嬤嬤（奶媽）！我要嬤嬤！」使得慈禧很不高興，對太監說：「這個孩子啊！眞彆扭，帶他那邊玩兒去吧！」

後來進行登基大典的時候，面對漫長又莫名其妙的儀式，年幼的溥儀開始大哭，溥儀的爸爸載灃只好跪在一邊哄著他。清朝滅亡後，盛傳當時載灃哄溥儀說的是：「快完了！快完了！」結果一語成讖，大清國眞的就快完了。但是據載灃的家人講，那個時代極為注意避諱，在登基大典這麼重要的儀式上，不可能說出「快完了」這樣的話，載灃當時說的是：「快好了！」

總而言之，隨著慈禧的去世和溥儀的繼位，一個新的時代到來了。

五

載灃這人寬厚有餘，能力不足，這樣的統治者可以用來守成，卻不能用來革新。政治維新的本質是要剝奪既得利益者的權力，那麼，負責下刀的人就必須比既得利益者更狠，更厲害，在清朝末年，這件事只有慈禧一個人能做。

慈禧的政治能力超強，強到在整個中國歷史上都能榜上有名。縱觀慈禧執政的這些年裡，大清國好幾次命若懸絲——曾國藩勢力最鼎盛的時候，只要一念之差，大清就亡了；李鴻章勢力鼎盛的時候，一念之差，大清也亡了；甲午戰爭後，李鴻章不行了，但南方各省那麼多軍閥，有幾個人聯合在一起造反，大清一樣會亡；到八國聯軍入侵後，無論是南方各省造反，還是袁世凱造反，大清也一樣會亡。

在清朝內憂外患一起來的這些年裡，一直是慈禧在帶著大清國「走鋼索」，她一個不帶領一兵一卒的老太太，只能憑著極為精明的人事調動，扶植一下這個，打壓一下那個，把這些王公大臣在手上掏來掏去，使得各省大員都不敢不服她，像袁世凱這種掌握北洋新軍的大軍閥，她一句話要交出軍權，袁世凱只能老老實實交出來，以慈禧的能力和威望，她說要實施政治改革，讓中央的王公貴族交出權力，這事她可以辦到。

載灃就不行了，他沒有政治實力，也缺乏政治能力。

俗話說「老虎不在山，猴子稱霸王」，慈禧在的時候，一個個王公貴族老實著呢！等到慈禧一去世，各路神仙全都冒出來了，都覺得是輪到自己揚名立萬的時候了。在這些神仙的包圍下，實力不足的載灃想要說實施改革，說從此以後王公貴族靠邊站，他當場就會被這群人吃了。

所以載灃上臺後，選擇了對他最爲保險的政策：盡可能團結滿洲貴族，鞏固滿人對政府的控制力。

第一件大事，就是除掉袁世凱。

當年慈禧沒死的時候，載灃和袁世凱就有激烈的衝突，其中之一是袁世凱主張大刀闊斧地施行立憲，載灃卻主張保護滿人貴族的利益，甚至傳說在一次立憲籌辦會議上，兩人吵到激烈之處，載灃曾經掏出手槍來要殺袁世凱。

載灃要除掉袁世凱的另一個理由，是袁世凱雖然交出了軍權，但是北洋軍隊對袁世凱個人的忠誠度極高，簡直就是袁世凱的私人軍隊。袁世凱是漢人，對於清廷貴族來說，他只要活著，就是心腹大患。

另外，還有段不太可靠的八卦。傳說光緒和慈禧死後，隆裕太后在光緒所用的硯臺內發現光緒親筆所寫的手諭「必殺袁世凱」，隆裕就把這張手諭交給了載灃，載灃不置可否。

從情理上講，此事似有可能。光緒因爲當年袁世凱告密一事，十分憎恨袁世凱，據說他被軟禁瀛臺的時候，一大樂趣是叫太監把紙剪成烏龜的樣子，在紙上寫「袁世凱」的名字，用弓箭射，射完了再撕得粉碎。光緒一輩子受慈禧壓迫極大，平時偷偷摸摸寫點「殺袁世凱」的字條藏起來，是有可能的。載灃是光緒的親弟弟，他對袁世凱下手也可能有爲哥哥報私仇的動機。

總之，國仇家恨加在一起，讓載灃一上臺就想處理袁世凱。結果機靈的袁世凱聽到風聲不對，立刻跑到天津，由英國駐華公使親自爲袁世凱說情，出面保護袁世凱的生命安全。袁世凱在天津上奏摺，以「足疾」爲由辭去一切職務。載灃一看殺不成，也就順水推舟，接受了這個結果。

趕走袁世凱後，對於載灃來說，最急迫的事是加快改革腳步，儘快把大清變成現代化國家，否則亡國就在眼前了。

改革具體來講，還分實務和立憲兩部分。實務就是怎麼弄好經濟、弄好產業，立憲就是政治改革。這兩部分之前全都有慈禧的既定方針，載灃似乎只要按照計畫老實執行就是了，然而載灃在這兩件事上，都犯了錯誤。

首先在實務部分，載灃遇到了經費不足的問題。

之前無數次的戰爭和賠款已經把清朝的國庫掏空了，更不用說《辛丑合約》還是根據大清的收入量身打造的，可是辦新政還處處要錢，其中花費最大的，是建立軍隊。

甲午戰爭和八國聯軍入侵後，清政府終於發現，按照舊式方法訓練的軍隊雖然用了新式武器，戰鬥力還是不足，於是清廷決定按照袁世凱練北洋新軍的模式，在全國推廣新軍。練新軍，就需要大筆的錢，除了陸軍，載灃還想在短時間內恢復海軍，在全世界到處買軍艦。前面說過，建立海軍是最花錢的事，新式陸軍還可以利用舊軍隊改編而成，武器還可以將就使用舊式的，可是海軍的軍艦都是實實在在的一艘艘鋼鐵巨怪，是個十足的燒錢無底洞。

載灃著急訓練軍隊倒是情有可原，一方面國內革命黨叛亂不斷，需要軍隊鎮壓；另一方面，俄國和日本一直圖謀瓜分中國，日、俄戰爭都在東三省打起來了，如果沒有一支強大的軍隊，喪失國土就在眼前。

問題是，再緊迫的事也得看客觀條件啊！明明沒錢還非要投入巨資，最後只能對百姓層層加稅，一遍一遍橫徵暴斂。當年康熙爺說「永不加賦」——沒錯，我們是不加「賦」了，但我們加「捐」：老百姓買個菜也捐，喝個茶也捐，日常生活無處不捐。隨著稅賦逐漸超過人們的忍耐底線，清政府統治的合法性不斷下降，現在對清政府來說，已經不是保護不保護國土的問題，而是能不能繼續維持政權的問題了。

而且，清末新政還有一個經濟收入上的悖論。

傳統中國，為了在生產力很低的情況下管理龐大的國家，採用的是「小政府」模式，就是說，古代政府的規模很小，職能很少。我們今天覺得，維持社會治安、普及教育、救濟貧苦、消防救災、修建橋梁、道路，這些社會基層的工作都應當由政府承擔，但是在古代中國，這些工作都是交給地方上的地主、豪強自己去做，政府不管，除非遇到地主解決不了的大問題，如：大規模洪水災害、大批土匪叛軍，政府才管。

古代政府管理的事務很少，好處是政府的花費小，百姓的稅收負擔也就小，因爲在古代，行政效率超低，政府隨便辦點事情都要耗費大量的文案工作，快馬加鞭地往來數月傳遞文件；古代對官員的監管效率也低，政府每多做一點事，中間就會多出好多貪腐的機會，所以儘量把政府的工作下放給地主和鄉紳，讓老百姓監督自己知根知底的同鄉人，這是效率最高的辦法。

但是工業時代的政府就不能這樣做了。在工業時代，國家沒辦法把老百姓一輩子都困在一個小村莊裡，因此不可能依靠村莊本地的鄉紳、族長去建立一個小型的公益社會，因爲人口一旦隨意流動，人們就沒法判斷其他人是否爲村莊盡了義務，鄉紳也不可能提供各種福利給流動往來的百姓，人口流動也導致鄉紳的家法、私刑對百姓失去了約束力。

這種情況下，政府就不得不擔負起上述社會職能，政府要建立警察局、消防局、福利機構、提供低廉甚至免費的基礎教育，政府要做的事情多了，花費多了，對百姓的稅收也就增加了。

換句話說，在工業時代，「小政府」需要逐漸變成「大政府」。問題是，工業國家的政府職能擴大是漸進的：是因爲這些國家商業發達在前，資本家們已經先有錢了，這些資本家掌握了議會以後，大家一商量，覺得由國家統一提供社會福利對全社會都有好處，這才一點一點從財政中撥出錢來，逐漸提供了這些職能。

現在清朝立憲是反過來：清朝之所以立憲，是因爲國家要完蛋了，沒錢了。原本就沒錢，結果爲了一次性的轉型，還要立刻擴大政府職能，增加政府的支出，在立憲前，老百姓的負擔就已經到頂了，現在立憲還要多花錢，老百姓能答應嗎？

比如：廢科舉，辦新學，這當然是功在千秋的大好事，可是原本的科舉教育是由鄉紳辦的福利，老師大都是些落魄不得志的老書生，隨便給點錢，一個人就能把學校辦起來。現在廢了科舉，私塾都取消了，政府得自己辦新學，所有的校舍、老師、教材、教具，都得重新籌辦，老師還得從稀有的新學人才裡找，這一大筆開銷鄉紳也不願意掏，就得政府掏，朝廷掏不出，就逼著地方督撫掏，督撫不願意掏，就加徵各種稅、各種「捐」，負擔又回到了鄉紳和普通老百姓的身上，最後鄉紳和老百姓們一看——你這朝廷弄的什麼玩意兒啊！變革了半天，私塾先生都被你們趕走了，還要我們加倍掏錢，這國家哪裡變好了？

六

實務改革載灃搞不定，政治改革他更搞不定。

西方推翻君主專制，建立共和的時候，最積極的是大商人、大工廠主，因爲他們手上有強大的經濟實力、爲國家生產了巨額的財富，卻沒有得到相應的政治地位。那些舊君主、舊貴族對國家的經濟貢獻很小，卻擁有各種特權，可以利用特權去掠奪商人們的財富，所以商人們一看，我實力明明比你強，我爲啥要聽你的呀！就鬧革命，要求政治權力了。

清末立憲也是這種情況。

在推行立憲的人裡，有些是純粹的理想主義者，就是想讓國家富強，不再受外國的欺負，比如：梁啟超，但更多的人是爲了自己的利益盤算，比如：慈禧推立憲，目的是要讓「大清的統治千秋萬代繼續下去」，所以她頒布的那個憲法大綱，非常吝嗇地只出讓了一點點皇權，她就像是個必須割捨財富的守財奴一樣，只希望能用最小的代價換取皇位永固。

另一群推行立憲最積極的人是各省的漢人督撫，以及各地的大商人、鄉紳、地方實權派。他們的動機和歐洲那些推行立憲的大商人們類似：施行洋務運動這麼多年來，這些地方實權派已經成了爲國家經濟貢獻最大的一群人，但是在君主獨裁的制度下，這些人的權益朝不保夕，只要朝廷隨便一句話，他們就會財產充公、人頭落地，這種情況任誰都不樂意見到，而且八國聯軍的入侵還證明清政府已經失去最基本的統治職能，對內不能富國強兵，對外不能抵禦外敵，作爲實權派來說，誰願意被這麼一個無能的朝廷指揮，陪你一塊去送死呢？

所以這些地方實權人物對立憲的呼聲最高，他們希望透過國會的形式參與朝政，讓朝廷分出一部分權力給他們——你搞不定，那你下來，換我上呀！所以在慈禧宣布計畫施行立憲後，各地的反響特別熱烈，立刻出現了很多立憲團體，寫文章、集會、聯名上書，支持立憲。當然，慈禧的那份立憲大綱是不怎麼樣，但這不是還沒正式立憲嗎？憲法還沒定，這就是還有機會。

慈禧在的時候鎮得住場子，這些人還不敢鬧得太過分，慈禧去世後，各地立憲派都鬧了起來，有的人擔心載灃未必會履行慈禧的立憲承諾，有的人早就對九年的期限不滿，認爲得加快立憲的進程。一時間各地要求及早立憲、立刻立憲的呼聲越來越高。

其實在立憲上，載灃是按照慈禧原來宣布的九年計畫，老老實實執行著的，但是國內、外各種立憲組織都等不及了，他們多次請願，要求朝廷在一年以內立刻召開國會。載灃一看，這立憲連影子都還沒看到，你們這不是亂來嗎？一律以「籌備既未完全，國民知識又未劃一」爲理由拒絕。

結果到了載灃掌權兩年後，各地的請願運動達到了高峰。十九名督撫聯名致電軍機處，要求立即組織責任內閣，並於明年開設國會，還有什麼各地諮議局、教育會、商會，各種組織都強烈要求立刻開國會。

注意，這裡最重要的是那十九名督撫，這實際上是地方大員集體向朝廷嗆聲了：「朝廷你聽著，我們各省地方大員一致要求你立刻開設國會，你要是不做……後果怎樣你自己猜吧！」

載灃這時候不妥協已經不行了，只能答應縮短立憲期限，承諾在第二年，也就是一九一一年設立內閣，一九一三年設立國會。載灃倒不是說空話唬人，承諾完後，他很快就拿出一份每年都需要做什麼的時間表來，還公布了當年的國家預算。

因為載灃的承諾，國內的壓力終於小了很多，大家一看，不就還剩兩、三年嘛！等等就等等吧！

結果一九一一年的內閣，就出事了。

內閣，就是中央政府裡負責實際工作的部門，內閣的主要成員是各部部長——教育部部長、內政部部長、文化部部長等等，再加上一個總理用來統籌工作（有的內閣不設總理）。議會是負責制定法律的，是負責為國家指示方向的，而具體一件件的國家大事，就由內閣開會商量著辦。用現代公司來打比方的話，議會有點像董事會，而內閣就是總經理和各部門經理。

載灃打算先建內閣、後開國會的動機之一，是他認爲民眾更關心的是減稅，但國家現在最重要的任務是建立陸軍和海軍，載灃擔心一旦成立國會，國會爲了減稅，會停止陸、海軍的建設，爲了實現自己的建軍計畫，載灃希望先組一個自己能控制的內閣，搶在國會成立之前把該做的事做完。

所以載灃建立的內閣，絕大多數都是「自己人」，各部部長都是原來的各部尚書——就是說，國家機構只是換了個新名字，其他什麼都沒變，連英國的《泰晤士報》都諷刺說，這樣的內閣和舊軍機處沒有什麼區別。這還不算，當年清政府爲了滿、漢團結，規定每個部都必須有一個滿族大臣和一個漢族大臣，現在咱們要實施政治改革了，沒有舊規矩那一套了，所以「滿大臣」、「漢大臣」的劃分也就沒有了。結果現在的十三個內閣大臣，一共有八個滿洲貴族，一個蒙古人，只有四個漢人，漢族大臣的數量反倒比過去更少了。

地方的實權派一聽，全都譁然了，因爲他們期待的內閣是英國模式：內閣總理由國會多數黨的黨魁（即黨的領袖）擔任，再由內閣總理任免閣員。換句話說，將來誰控制了國會多數席位，內閣就是誰的，如果採用這樣的制度，那麼國家權力很容易就掌握在地方實權派的手裡。

可是現在載灃組出一個「皇族內閣」，和大家的期待完全相反。按照慣例，君主立憲制國家的皇族不能擔任重要職位，需避嫌，但是載灃這個名單，卻把大權都收到皇族的手裡，可是各地歡迎立憲，就是爲了要皇族交出政權呀！否則還立憲做什麼？

於是各地激烈抗議，可是這回載灃沒有退縮，還搬出《欽定憲法大綱》，說任命百官的權力屬於君主，議會不得干涉。

這個結果猶如一盆冷水，澆到各地實權派的頭上，朝廷把實權派最後一絲希望也堵上了，那怎麼辦啊？

軟的不行，咱們就來硬的吧！

圍觀的熱血青年和第一個扔磚頭的——

辛亥革命

一

當年甲午戰爭戰敗給中國的知識界帶來了巨大的震撼。當時的知識分子們極爲痛苦，紛紛爲中國尋找出路。他們之中有一些人想到了「君主立憲」的道路，希望清政府能自己進行政治改革，走和日本一樣的道路，他們的代表就是康有爲、梁啟超那群人。

還有另一群知識分子，他們想到的辦法是用暴力澈底推翻清政府，把皇帝轟下臺，在中國建立一個只有議會，沒有君主的國家。這些立志造反的知識分子，在當時被稱爲「革命黨」，代表人物就是孫中山。

孫中山出身於普通農民家庭，在香港學習西醫，不久棄醫從政，立志推翻清政府。在甲午戰爭尚未結束的時候，孫中山就在海外建立了「興中會」。他在海外到處組織集會、公開演講、募集捐款，說服留洋學生加入「興中會」，用募集來的錢和學生在中國發動武裝起義。

然而「書生造反，十年不成」，孫中山家境貧困，自己只是個普通的醫學生，他造反需要的錢，都是靠他用嘴說來的一筆筆捐款，既有大商人的慷慨解囊，也有普通老百姓一毛、兩毛捐的，但打仗是天下最花錢的事，這點錢用來打仗，怎麼能夠呢？

孫中山也沒有軍隊，他用來起義的骨幹，都是他說服來的進步學生，但進步學生能有幾個人？肯捨命去打仗的就更少了。

孫中山鬧革命，實際是要錢沒錢，要人沒人，所以從甲午年一直到清朝滅亡前這十幾年裡，他一共在中國發動了十次武裝起義，全都以失敗告終，期間消耗了無數的金錢和人命。但並不是說這些起義就毫無意義，孫中山的武裝鬥爭發揮了很強大的宣傳效果，讓他在革命黨人中建立了極大的聲望。

到了載灃執政的時代，革命的時機終於成熟了，這個時機成熟也和甲午戰爭有關。

很多民國時的革命人士回憶自己求知歷程的時候，都說是甲午戰爭改變了他們的思想。在甲午戰爭之前，他們對時政並不關心，當甲午戰敗的消息傳來後，他們大爲震撼，開始苦苦思考中國爲什麼會被小小的日本擊敗？他們那時大多只有十歲出頭，讀書的時間不是很久，思想還沒有被儒學禁錮，他們開始從傳統的四書五經中抬起頭來，去學習西學、了解世界、追問中國落後的原因到底在哪裡。

後來清朝末年慈禧推行新政，是先從廢科舉、興新學入手。這麼做的道理很簡單：人才是萬事的根本，推行新政無論做什麼都需要大批的新學人才，人才培養又需要時間，所以這事得最先處理。

於是，清政府開始鼓勵學生到國外留學，規定無論是公費還是自費留學，學成歸來後只要能通過考核，就授予進士、舉人等出身。這幾個出身是那個時代當上官員、躋身上層社會的唯一機會，因此留學者趨之若鶩，尤其以最近的日本居多。當年那些被甲午戰敗震撼的十幾歲的孩子，到了這時剛好到了十七、八歲、二十歲出頭的年紀，正是留學生的主力，他們在海外接受了更爲開放的思想，很多人認同革命，甚至剪掉辮子，加入了革命黨。

等到載灃上臺後，這些人大多學成歸來，而且多是二十多，快三十的年紀，正是精力最爲旺盛、鬥志最爲昂揚的年齡。

當這一代知識分子成爲社會中堅力量的時候，革命黨的活動也就到了最高峰。

二

晚清末年的革命團體有很多，影響最大的當屬孫中山的「興中會」，但不只「興中會」一家，另外還有黃興、宋教仁的「華興會」、蔡元培的「光復會」、陳獨秀的「岳王會」等等，是一個百花齊放的局面。

這些革命團體在各種政治、組織問題上並不統一，甚至分歧很大，但是當時的清廷太強大、革命團體太弱，爲了能消滅共同的敵人，一些革命團體聯合起來，其中「興中會」、「華興會」和「光復會」的骨幹成員聯合在一起，組成了新的組織——同盟會，領導者由孫中山爲正、黃興爲副。

如果用武俠小說裡的門派來比喻的話，那麼「興中會」、「華興會」和「光復會」就相當於「華山派」、「衡山派」、「泰山派」，「同盟會」就相當於這幾大門派組成「五嶽聯盟」，公推孫中山爲「五嶽盟主」，黃興爲副盟主。

同盟會成立以後，聲勢更爲浩大，對清廷的暴力行動更激烈，不僅起義不斷，還暗殺了不少清廷大臣。

當年慈禧派五大臣出國考察，「光復會」的吳樾就混進五大臣乘坐的火車，引爆身上的炸彈炸死、炸傷數十人，五大臣各有不同程度受傷。據說爲了防止被捕後經不住拷打，吳樾在行刺前特意把自己弄成了啞巴。行刺事件後，慈禧立刻下令加高頤和園圍牆三尺，增派駐軍日夜巡邏。

載灃上臺後，同盟會骨幹汪精衛曾經試圖刺殺載灃，計畫在載灃將要經過的道路上埋設炸藥，由汪精衛引爆。結果事先埋好的炸藥被清廷發現，清廷順藤摸瓜把汪精衛等革命者抓進了監獄裡。汪精衛做的這事，相當於「陰謀刺殺國家最高領導者」，只要是在有死刑的國家裡，那肯定是死。那時的汪精衛還是個熱血青年，早有必死的決心，在獄中作詩：「慷慨歌燕市，從容作楚囚。引刀成一快，不負少年頭！」然而那時清廷已經是內外交困，出於收買人心的考慮，最後對汪精衛判了一個無期徒刑。不久辛亥革命爆發，清廷在壓力下宣布開放黨禁，汪精衛就被放了。

除了暴力活動外，同盟會還積極宣傳革命思想。同盟會透過不斷的起義、演講、辦報紙，把「只有推翻清政府才能救中國」的思想深入到中、上層知識分子和城市居民的心中，以至於到了清朝末年，清政府在基層的威信已經沒剩多少了。

到什麼程度呢？舉個例子，慈禧推行新政的時候，不是派了好多留學生出國嗎？這些留學生到了外國，被人嘲笑頭後的辮子是「豬尾巴」，留學生自己也覺得丟人，許多人一生氣就把辮子剪了，但是清政府「留髮不留頭」啊！回國要是被朝廷抓，那怎麼辦呢？許多留學生回國的時候，買一條假辮子裝上。當時留學日本的魯迅就做過這事，回國的時候裝了個假辮子，結果他回到家鄉後，受到各種人的嘲笑。魯迅這人脾氣也大，又覺得假辮子戴著太難受，一生氣，假辮子也不戴了，就這麼禿著腦袋走在大馬路上，結果罵他的人更多了，走在路上都有人罵他「假洋鬼子」什麼的。

我要說的不是舊勢力可怕，我要說的，是魯迅回國那時候，慈禧太后還沒死呢！結果他公然剪了辮子上街，竟然沒有人報官，也沒有官府來抓他。想當年清軍入關的時候，「留頭不留髮，留髮不留頭」是最強硬的政策，為了個辮子問題殺了多少中國百姓，可是到了這時候，公然剪了辮子什麼事沒有，這說明大清國的基層政府已經沒有執行力了，基層官員要麼心裡也對大清不滿，要麼就推測說不定哪天就革命了，不肯為大清賣力。

執行力弱到如此地步的政府，離滅亡也就只有一刻之間了。

更厲害的是，同盟會還派了很多成員加入新軍，在軍隊中宣傳革命思想。

現在的新軍與過去的清軍不同。清朝末年廢除科舉雖然為舊式知識分子留了一絲活路，但是科舉之路關閉得太快，有很多讀書人的出路被堵住了。過去，讀書人無處可去的時候，還可以去當教書先生，但是在新學制度下，要當老師必須先讀完六年小學和六年中學，舊書生連老師都當不成了。結果很多讀書人發現，參加新軍是一個不錯的出路，因為讀過書的軍人很容易被提拔成軍官，於是很多讀書人參加了新軍。

現在國家這個樣子，舉凡是個讀過書、肯思考的人，都能感覺到清政府岌岌可危，革命黨人又特意在軍隊裡宣傳，最後促使不少新軍士兵都加入了革命黨，有的軍隊中，革命黨甚至占了大多數。

湖北武昌的新軍就深受革命思想的影響。

為了提高戰鬥力，張之洞曾經在湖北辦了全國唯一一所軍事學校，供軍人學習文化知識。但那個時代，軍隊的高級官員多是上級委派的，受過教育的軍人通常只能升到排長一級，很多中、低級軍官空有知識，卻沒有上升的管道，這就在軍中滋生了不滿情緒。這些不滿現實的知識型官兵和革命黨的宣傳正好碰到一起，不少人加入了革命黨。

武昌的革命黨實力不斷壯大，就開始醞釀起義。

在武昌的革命組織並不是孫中山的同盟會（五嶽聯盟），而是另外兩個革命組織——「文學社」和「共進會」（不屬於五嶽聯盟的崑崙派和崆峒派），這兩個組織的領袖見到武昌革命軍的數量不斷擴大，又恰好遇到四川爆發「保路運動」，他們認為起義的時機已到。

順便說一下，這個「保路運動」又是怎麼回事。「保路運動」是載灃另一個自找死路政策的結果。載灃不僅在內閣問題上收權，在中央和地方的關係上，他也希望收權，想要把各省的財政權和軍權都收回到朝廷手裡。這事原則上當然是對的，但這不是廢話嗎？誰不想收回權力啊？你以為慈禧不想啊？之所以這兩項大權收不回去，是因為朝廷太弱，地方太強，沒能力收嘛！慈禧都辦不成的事，那載灃就更辦不成了。

載灃收回地方權力的命令自然受到各省督撫的抵制，沒人執行，他除了再次得罪地方實權派外，沒得到半點好處。但載灃不罷休，他還要收回各地的鐵路權和採礦權，這又是個原則上無比正確，實際上會得罪地方的政策。

當時，已經有一些省分的鐵路採用商辦、民辦的方式開始建設，載灃提出的政策，是要求各地把已經收到的投資都退回去，投資人出了多少錢，你就把錢退給人家，然後鐵路再由國家投資去修築，鐵路就變成國家的了。這個方案原則上沒問題，到了四川卻出問題了。

四川鐵路的股份中既有官商的巨額投資，還有相當的部分是靠強行攤派，從普通百姓手裡硬收的，甚至有農民為此賣了土地，可是收上來的這麼一大筆款項，竟然被主持鐵路的人貪汙了，錢也追不回來了，根本沒辦法還給老百姓。載灃這邊呢！既要堅持收回鐵路，卻不願意用國庫去為貪汙犯填補虧空。最終載灃宣布：朝廷不掏錢，但是鐵路必須交出來。

這個決定一下，整個四川上到鄉紳，下到普通百姓都怒了，他們分不清誰是朝廷，誰是地方官，在他們看來，這不就是政府先大肆收錢，收完了賴帳嗎？期間涉事的貪汙分子和革命黨人也趁機鼓動，於是，四川出現了大規模的暴亂，這就是「保路運動」。四川官府已經控制不住了，清政府連忙從附近的湖北省調軍隊去鎮壓。

因為湖北的清軍已經被調走，武昌正是空虛的時候，於是武昌的革命黨便計畫在一九一一年十月十一日起義，沒想到正在積極籌備的時候出了意外。

三

十月九日的中午，「共進會」的領導人孫武正在武昌的俄租界裡製造炸藥，不慎將紙煙火掉到火藥裡，導致火藥爆炸，孫武的面部被燒成重傷。俄租界的巡捕聽到爆炸聲聞訊趕來，幸好現場的革命黨人已經撤離，孫武被送到了一處安全的醫院裡。但是革命黨撤離得太倉促，留下了很多旗幟、文件等物，這些都落到了巡捕的手裡。另外，巡捕還逮捕了革命黨人的家屬，俄國巡捕隨後把這些東西交給了武昌的清政府。

武昌是湖北省的省會，有湖廣總督在這裡坐鎮，湖廣總督之前已經知道新軍部隊中有很多官兵參加革命黨，但是爲了避免激起軍隊叛變，他對軍中的革命黨一直採取緩和的處理手段，明知有革命黨也不抓。這次發現了革命黨的機密，他也是採取一樣的原則，利用查抄到的革命黨文件和被捕者口供，重點搜捕軍營外的革命黨，但是儘量不涉及新軍官兵。

於是，清廷在武昌城內展開了大搜捕。

尚在武昌的革命黨人面臨一個艱巨的問題：現在怎麼辦？

武昌的革命黨有兩個，其中「共進會」的領導人孫武已經受傷住院了，能主事的只剩下「文學社」的領導人蔣翊武。到了十月九日下午五點，蔣翊武決定在當天夜裡提前起義，並約定以參加起義的新軍炮隊發出的排槍為信號。結果這天夜裡，革命黨的信使到達炮隊的時候，新軍士兵已經睡覺，沒能發出信號，起義也就沒能發動。

到了第二天，十月十日，清廷的搜捕還在繼續，越來越多的革命組織被破獲，不少革命骨幹被抓捕，見形勢嚴峻，蔣翊武等人只能逃離武昌。眼看著武昌的革命黨人就要被清剿完畢了，這時湖廣總督卻犯了個錯誤。

雖然原則是儘量不抓新軍內的革命黨，但還是有一名排長在十月十日的早晨，在自己部隊的操場上被捕，另外，還有三名被捕的革命黨人在這一天早上被處決。

這兩件事在參加革命的新軍官兵中引起了巨大的恐慌。湖廣總督雖然打算放過新軍，可是又不能明說——要明說，革命黨就更無法無天了，自己的官位也會被人彈劾。普通官兵不知道大搜捕會到什麼程度，不知道會不會輪到自己，有人傳說清廷已經得到了革命黨人的名冊，正在按照名冊逐一搜捕，甚至有人說，凡是沒有留辮子的人都要被抓住殺掉。

面對大搜捕的恐慌，新軍中的革命黨人決定與其束手待斃，不如發動起義。

到了十月十日傍晚的時候，兩名革命士兵受到軍官盤查，兩人在匆忙中打響了武昌起義的第一槍。換句話說，武昌起義其實是在沒有計畫、沒有領導人的情況下，倉促之間，偶然打響的。

從人數上說，新軍中的革命黨人屬於少數，但是在這兩天的搜捕中，因為傳說沒有辮子的軍人，甚至是所有漢人軍人都會被捕，促使很多沒參加革命黨的漢族士兵也加入了起義，只有那些滿人占大多數的軍隊才仍舊忠於清廷。按照美國漢學家、近代史學家周錫瑞的估計，起義時，武昌城內的革命軍比清軍稍微多一點，革命軍有近三千六百人，清軍三千出頭一點。革命軍多屬於受過教育的現代化部隊，戰鬥力要比清軍更高。經過激烈的戰鬥，革命軍獲得了勝利，湖廣總督逃出武昌城。

革命軍人控制了武昌，但是還缺少一個統籌全局的領導人。原本領導起義的兩名革命黨人都不在——孫武正在醫院裡養傷，蔣翊武之前逃離了武昌，而且領導人也不能從革命黨中挑選，因為參加起義的新軍並不全都是革命黨人，他們之中有些人僅僅是相信了之前大搜捕的傳言，不是為了革命，而是為了活命而起義，這些新軍並不需要一個革命領袖來領導他們，他們需要的是一個他們熟悉的、能夠信任的領袖。另一方面，武昌城裡的實權派除了軍人外，還有鄉紳，起義軍若是想要長久統治武昌城，最好還能取得這些鄉紳的支持。

所以，武昌的領導者最好是一個在軍隊和當地鄉紳中都很有威望的軍隊將領，想來想去，這個人選只能是原清軍旅長黎元洪。黎元洪為人寬厚仁慈，在士兵中頗得人心，在鄉紳中的名聲也不錯。

可是黎元洪並不是革命黨，甚至在起義當天他還殺過革命黨。

革命軍占領武昌後，黎元洪害怕被革命黨人抓住殺死，想要逃跑，但是他沒能及時逃出武昌城，只能躲在參謀的家裡，結果被革命軍士兵搜了出來。

當聽說要推舉他為革命領袖時，黎元洪嚇壞了，先是告誡革命軍人，說附近屯駐的清軍十分厲害，勸說士兵們回到自己的軍營裡，見推辭不掉，又連聲說：「勿害我！勿害我！」

這個反應非常符合人之常情，因為當時整個中國不過只是一個小小的武昌造了反，參與者只有這麼幾千名新軍士兵，怎麼能對抗全國的無數清軍？以當時的情形看，起義的結果九成是完蛋，黎元洪要是當上這個領袖，完蛋後，第一個槍斃的就是他，他哪能答應呢？於是他開始絕食。

但黎元洪沒想到的是，武昌起義正好踩在清政府離心離德的臨界點上，各省的地方實權派因為「皇族內閣」，已經對清廷失去了最後的耐性。當時全國的情形，就好比一群熱血青年面對一個混混已經忍很久了，那混混吆五喝六的還不自知，這邊各位青年已經悄悄握緊了拳頭，人人都忍著想揍他一頓。武昌起義，就好比人群中先跳出一人高喊：「揍死你！」後面的形勢就是棍棒、磚頭齊飛，不可收拾了。

武昌起義成功後，在短短的時間裡，中國南部的一大堆省分，甚至包括和北京近在咫尺的山西省全都造了反。一個半月內，已經有三分之二的中國宣布獨立，參加革命的有各省的革命黨、鄉紳、新軍、民間會社，甚至還有清朝的巡撫。

革命形勢大好，黎元洪也就不必絕食啦！欣然當上了湖北革命軍的大都督。

四

清政府這邊呢？載灃一下子就被打糊塗了：說好了不就是各地革命黨的小動亂嗎？怎麼突然間半個中國全都造反了？咱們還能不能繼續立憲？

革命軍遍地而起，載灃趕緊派人剿滅，可是他任命的那些陸軍大臣全都是皇親國戚，都是靠血緣上臺，沒有一個眞能幹的，而且清軍最精銳的北洋軍是袁世凱一手培養出來的私人軍隊，除了袁世凱，別人都指揮不動。

袁世凱之前已經被載灃排擠，辭去了一切職務，正賦閒在家，眼看革命軍一路攻城掠地就要殺過來，載灃只能先顧眼前，讓袁世凱復出，任命袁世凱爲湖廣總督。

爲什麼任命爲湖廣總督呢？因爲武昌起義就是在湖廣爆發，載灃的意思是，任命袁世凱到革命的大本營去任職，讓他去最危險的地方為朝廷戰鬥。

袁世凱該怎麼想呢？你載灃原來想殺我，殺不成又把我的職位都奪了，現在你火燒屁股了，需要找個送死的，想起我來了？我怎麼可能那麼好脾氣答應你？

袁世凱沒答應載灃，以「足疾未癒」為由拒絕。

載灃一看，也知道是怎麼回事，就託人問袁世凱，您老有什麼要求，您就提吧！

袁世凱就提出六個條件，其中最重要的有兩個：一個是全權指揮全國海、陸軍，一個是朝廷要保證有充足的軍費。換句話說，他要求把全國的軍權都抓到自己手裡。

但是，袁世凱提的不是六個條件嗎？他把這兩個條件放在了最後，在前面列出來的幾項要求分別是：明年立刻召開國會、組織責任內閣、寬容此次起義的革命黨、開放黨禁。

其實面對洶洶而來的起義，載灃早就答應明年召開國會了，袁世凱先提出這幾個要求，看起來好像在說廢話，然而袁世凱這不是說給載灃聽的，而是說給國內的立憲派、革命黨聽的，他要告訴全天下：我袁世凱心懷天下，憂國憂民，絕對支持立憲，我出山可不是為了保載灃的皇族大清，我是與立憲、革命黨站在一起。至於「寬容革命黨」云云，更是拿大清的江山向革命黨送人情，慷他人之慨了。

袁世凱這招實在聰明，只用幾句空話，就把載灃立於不義之地。他還沒淌水進局，先把自己撇乾淨了。

事已至此，載灃沒有別的選擇，只能答應袁世凱的各項要求。袁世凱一面命令北洋軍反攻，一面還不滿足，又逼載灃辭去攝政王的職位，自己當上了總理大臣——用老話說，就是當上了首席軍機大臣，袁世凱等於是軍、政大權一把抓，清廷已經是他的天下了。

北洋軍是當時全國戰鬥力最高的軍隊，沒有之一，各省的革命軍都是當地新軍的底子，這些新軍是晚清新政的時候，各地的舊式軍隊按照北洋軍的樣式臨時改編，有的改編尚未完成，有的徒有其表，戰鬥力有很大問題，而且各省革命軍又各自為政，缺乏統一的指揮，於是前線被北洋軍打得落花流水，一個城市一個城市地丟。

眼看革命就要失敗，為了各省能有統一的指揮，黎元洪通電各省，邀請各省派代表聚在一起商量一下，看看大家能不能組成一個臨時政府，其他各省也都積極回應。

新政府沒有了君主，權力應該交到議會的手裡。為了能儘快商議國家大事，由黎元洪等人提議，各省派出的代表組成大會，構成了民國議會的雛形。

在那些脫離清廷的省分裡，大多是革命黨人（也有少數地方實權派和前清朝巡撫）獲得了該省的統治權，成立了政府。這個政府是由革命黨人靠軍隊建立的，所以稱為「軍政府」。另外，各省還有一個「諮議局」，是之前清朝預備立憲的時候，在各省成立的準議會，主要成員是各省的士紳和實權派。

各省派代表參加臨時政府大會，代表產生的辦法是軍政府和諮議局各派一人，這些人雖然不是由各地選民直接選出來，但可以勉強看成是「地方推舉出來的政治菁英」，由他們組成的會議，雖然還不是眞正的國會，但也算相差不遠。

這個「臨時國會」⑧成立後，第一個任務是建立一個臨時政府，然而立憲立憲，憲法最大，建立政府的前提是先擬定一部憲法。

因爲時間倉促，「臨時國會」草草擬定了一份《中華民國臨時政府組織大綱》，規定了政府的形式是什麼樣的，該怎麼建立這個政府，這部草案問題很多，但是有總比沒有好。

臨時國會的下一個任務，是選出國家元首，選出一個人來當「臨時大總統」。

既然是投票選舉，那就看誰的聲望高了。

在革命黨的心裡，聲望最高的人是同盟會的幾個領導者，由高到低，依次是孫中山、黃興和宋教仁。

⑧ 這個團體只是個各省代表的聯合會議，當時並不稱為「國會」。

在武昌起義爆發半年前，同盟會剛在廣州發起過一次「黃花崗起義」，這次起義失敗得很慘，很多同盟會的骨幹都死在了戰鬥裡，號稱「拿大將當小兵用」。

起義失敗後，孫中山回到美國，為下一次起義募集資金，黃興則去了香港，宋教仁當時在上海。

所以武昌起義爆發的時候，這些同盟會高層離武昌都很遠，武昌起義是由不屬於同盟會的「文學社」和「共進會」發起的，和同盟會沒有直接的關係。（武昌主事者為小門派崑崙和崆峒，而非江湖中最大的五嶽劍派。）

但是，「文學社」和「共進會」與「同盟會」之間，又有千絲萬縷的關聯，這是因為當時清廷太強，革命黨太弱，各個革命者之間頻繁聯絡、合作，很多革命者今天參加這個組織，明天又參加那個組織，之間都有親密的關係。

比如：「共進會」在武昌的領導人孫武，就曾經參加過同盟會。再比如：在武昌起義一個月前，「文學社」和「共進會」宣布合併，一時找不到合適的領導人，還邀請過黃興等同盟會的高層來領導他們，恰好這幾位當時都不能來武昌（黃興在香港，譚人鳳在住院，宋教仁不信武昌的起義條件已經成熟），結果都沒來成。（崑崙、崆峒與五嶽劍派關係密切。）

等到武昌起義成功後，在香港的黃興立刻回到國內。因爲他的聲望大，武昌的革命軍立刻邀請他擔任「戰時總司令」。（崑崙、崆峒邀請五嶽劍派副盟主主持大計。）

比黃興聲望更大的是孫中山，但是孫中山現在還沒有回國，所以黃興也就成了革命黨中，擔任「臨時大總統」呼聲最高的人。

但是，「臨時國會」裡每省的代表是兩人，一個人來自以革命黨爲主的軍政府，還有一個人來自於地方士紳爲主的諮議局。黃興在革命黨中的聲望雖高，但是各地的士紳未必都歡迎他。因爲士紳手裡有錢、有產業，他們最希望的是穩定而不是暴力革命，對於士紳來說，更合他們口味的，是半隻腳踏在士紳陣營，半隻腳踏在革命隊伍裡的黎元洪。

黎元洪平時爲人以忠厚著稱，人送外號「黎菩薩」，以這麼一個忠厚的人來主持大局，想來社會更容易穩定，會有更少的流血和動盪。

於是，「臨時國會」關於臨時大總統到底選黃興還是黎元洪，產生了分歧，久久沒能達成共識。

就在這個時候，孫中山回國了。

五

武昌起義的時候，孫中山正在美國為下一次起義做準備，他對起義並不知情，還是在旅館裡看了報紙才知道武昌鬧革命了。得知起義成功後，他立刻啟程回國。

孫中山在海內、外聲望極大，當年他是清廷的第一號通緝犯，每次回國都是偷偷摸摸、戰戰兢兢。這一次大不相同，孫中山到上海時，上海都督親自派軍艦相迎，上海軍政府、同盟會成員、大批市民和記者都到碼頭迎接。

「臨時國會」正因為臨時大總統候選人的問題爭執不下，孫中山回來後，這個問題立刻有了結論。

幾十年不懈的宣傳和起義，讓孫中山成為中國革命黨最有聲望的人。

黃興在同盟會裡的身分是個武人，很難得到士紳的支持；孫中山不同，他是個政治家。孫中山提出的「三民主義」裡有「民生」一項，講的是發展經濟，振興實業，這正是受士紳階層歡迎的主張。

所以孫中山一回國後，革命黨和士紳找到了共同點，大家票選孫中山為臨時大總統，黎元洪為副總統，黃興被任命為陸軍總長。

「中華民國臨時政府」算是成立了，總部設在南京。臨時政府成立後，面臨的第一個問題是：打不過北洋軍。

袁世凱的北洋軍戰鬥力比革命軍高出幾個等級。北洋軍轉眼間就攻到了武昌城下，隔江炮擊武昌城時，曾一炮擊中黎元洪的都督府，把黎元洪打得只能出城躲避。

可是袁世凱也不打算眞的消滅革命黨，因爲當時的形勢是全國都知道立憲是大勢所趨，那批清朝貴族都是扶不起的劉阿斗，更何況載灃之前還差一點把袁世凱殺了，袁世凱他還要多笨啊！這時候他還選擇保大清？袁大頭又是在權力鬥爭中生存下來的老政客，視權力爲毒癮，所謂「天予不取，反受其咎」，現在這局面是大權都送到他嘴邊上了，以老袁的思路來看，不吃都對不起自己啊！

於是袁世凱的打仗原則是「意思意思就行了」，北洋軍對武昌是圍而不攻，不時用大炮轟你一下，讓你知道我隨時有能力攻過去，與此同時，袁世凱偷偷派人聯絡革命黨，放出可以「議和」的口風。

在革命黨的眼中，策反袁世凱是他們最大的希望。

我們今天一說起袁世凱，想到的都是「竊國大盜」、「復辟小丑」，但這些稱呼都是將來袁世凱稱帝以後的事，在當時，袁世凱在支持立憲的人們眼裡可是個正面人物。

當年那場義和團運動，在立憲者們看來，清政府和義和團都是盲目守舊的頑固派，而袁世凱的表現是參加「東南互保」，既不同意清政府向列強開戰，也不同意義和團的破壞，致力於「保境安民」，這是很受立憲者歡迎的立場。後來清末新政的時候，袁世凱又特別積極推行立憲，反對「皇族內閣」，因爲立憲還和載灃發生了激烈的衝突，最後又被載灃排擠。袁世凱重新出山後，第一個要求又是重開國會、寬恕革命黨人。

因爲這些「光輝事蹟」，當時人看來，袁世凱是個堅定的立憲派，而且袁世凱又有全國最強大的軍事勢力，外國列強對袁世凱也頗有好感，所以當時很多人都把袁世凱看成是立憲的希望，中國的未來。

袁世凱倒也不是沒有黑歷史，當時他最大的汙點是在戊戌變法裡叛變過光緒（這還是被康有爲誣陷的，因爲光緒被奪權其實和袁世凱告密無關），這個黑歷史讓那些堅持「君主立憲」的保皇派很不喜歡他（比如：康有爲），但革命黨反的是整個帝制，也反對光緒當權，所以袁世凱這黑歷史也不算什麼。

鑒於目前北洋軍壓著革命軍打的形式，「臨時國會」在孫中山回國之間就想到了游說袁世凱反清。黎元洪和黃興都表示過，只要袁世凱肯推翻帝制，他們就推舉袁世凱爲臨時大總統。「臨時國會」在選舉臨時大總統的時候還附帶條件：一旦南、北議和成立，當選者就要把總統的位子讓給袁世凱，這點孫中山也同意。

孫中山革命多年，每次起義都是連人帶錢輸個精光，當上臨時大總統的他，手裡是既沒錢也沒兵，擁有的只是聲望。

有個著名的段子，說孫中山回國的時候，革命軍正因為缺錢發愁，當時輿論盛傳孫中山回國時攜帶了巨款以助軍餉。孫中山回國後，各界記者就問他這次帶了多少錢回來？結果孫中山回答：「吾此次回國，未帶金錢，所帶者精神而已。」

在議會時代，因為大家凡事只講商量，當官又靠選舉，所以政治家的聲望非常重要。但是在只講實力的獨裁時代，在戰場上，聲望就沒多大用處了（所以康有為那麼有聲望，也會被慈禧輕鬆秒殺），孫中山聲望再大，也不可能靠聲望去打敗袁世凱的北洋軍。

於是孫中山一當上臨時大總統，就在報紙上公開表示：如果袁世凱讓清廷退位，他就讓位給袁世凱。

對於袁世凱來說，和談、當上大總統是他可以期待的最好結果，南京政府一放出風聲，他便欣然同意。

清廷這邊，現在能說話的只剩下隆裕和溥儀這對孤兒寡母。袁世凱和南京達成協定後，便跑到隆裕那裡連吹帶嚇唬，說革命黨人如何可怕，我們實在抵擋不住，萬一革命黨人殺進來，必定把你們娘倆剝皮砍頭、大卸八塊，哎呀！那景象我不敢看。

袁世凱話鋒一轉，接著又說革命黨人提出了和談條件，只要你們母子答應退位，可以保證人身安全，保證皇室稱號，保證住所（暫居紫禁城，以後退居頤和園），每年國民政府還給幾百萬的開銷。

平心而論，對於一個退位皇室來說，這條件算是很優待了，而且袁世凱真要來硬的，一點問題也沒有，只不過袁世凱這人行事向來是先軟後硬，他是想儘量爭取新、舊勢力的支持，才用了這麼和緩的辦法。

隆裕皇太后這人有貪念、無能力，要是她有一點政治能力，當初就應該低三下四地籠絡光緒，到時候無論光緒、慈禧誰先死，她不都是後宮之主嗎？隆裕經不住袁世凱一嚇一哄，只能哭哭啼啼地答應了退位條件。

於是小皇帝溥儀就在辛亥革命的第二年宣布退位，清朝終結，袁世凱按照約定當上了臨時大總統，中華民國的時代到來了。

博雅文庫 253

RW0D

哇，歷史原來可以這樣學4——戊戌變法到清朝滅亡

作　　者　林欣浩
發 行 人　楊榮川
總 經 理　楊士清
總 編 輯　楊秀麗
主　　編　蔡宗沂
責任編輯　蔡宗沂
封面設計　王麗娟
出 版 者　五南圖書出版股份有限公司
地　　址　106台北市大安區和平東路二段339號4樓
電　　話　(02)2705-5066
傳　　眞　(02)2706-6100
劃撥帳號　01068953
戶　　名　五南圖書出版股份有限公司
網　　址　https://www.wunan.com.tw
電子郵件　wunan@wunan.com.tw
法律顧問　林勝安律師事務所 林勝安律師
出版日期　2021年 8 月初版一刷
定　　價　新臺幣320元

國家圖書館出版品預行編目資料

哇，歷史原來可以這樣學. 4, 戊戌變法到清朝滅亡／林欣浩著. -- 初版. -- 臺北市 : 五南圖書出版股份有限公司, 2021.08
面； 公分
ISBN 978-986-522-851-4（平裝）

1.近代史　2.通俗作品

627.6　110008968